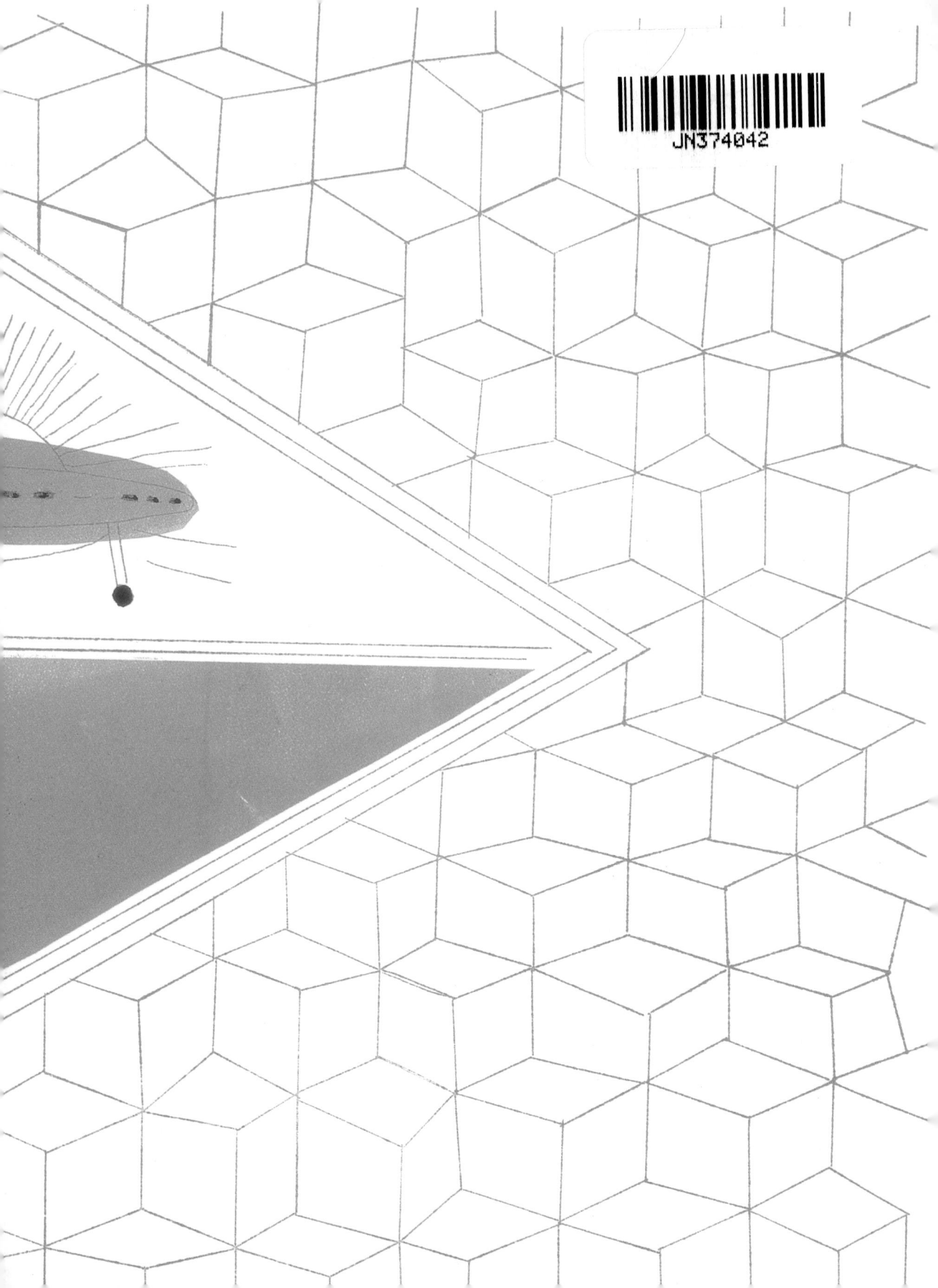

김희남 글 · 김진화 그림

명왕성은 자유다

1. 콧김슝슝알아알아냉수 (받아내림이 있는 뺄셈)…8
   머리가 뻥 뚫리며 정신이 번쩍, 가슴까지 시원해져요.

2. 구구떡꼬치 (곱셈의 원리, 곱셈구구)…26
   쫄깃쫄깃 고소한 맛, 하나씩 빼어 먹는 재미.

3. 째깍째깍치즈케이크 (시계 보기, 시간 알기)…52
   정확한 시간 동안 구워 더욱 부드럽고 달콤한, 최고의 맛.

4. 차곡차곡마카롱피라미드 (수 배열에서 규칙 찾기)…74
   겉은 바삭바삭, 속은 촉촉. 겉과 속이 다른 수학식당 특별 메뉴.

5. 오래오래스파게티 (달력 속 규칙 찾기)…96
   친구와 함께 먹으면 우정이 쌓여요!

후식. 별루별루초콜릿 (표와 그래프)…112
   별나별나초콜릿이 아니에요. 유사품에 주의하세요!

1

콧김 슝슝 알아알아 냉수

"여기가 수학식당인가요?"

"저 좀 도와주세요. 수학이 싫어지려고 해요."

"나도요. 머리가 지끈지끈, 빙글빙글 돈다고요."

"빨리 되는 음식 아무거라도 좀 주세요. 빨리빨리!"

당케는 이리 뛰고 저리 뛰며 몸 둘 바를 몰라 했어요.

학수식당의 몰라몰라주스를 먹고 혼란에 빠진 손님들이 몰려왔거든요.

"이, 일단 자, 자리에 앉으시지요. 자, 잠깐 실례하겠습니다."

당케는 손님들을 자리로 안내한 뒤 셰프에게 달려갔어요.

"셰, 셰, 셰프, 어떡하면 좋아요?"

"몰라몰라주스의 피해가 이렇게 엄청날 줄이야. 얼렁뚱땅 엉터리 계산에다가 빨리빨리 재촉하는 조급증, 말 더듬는 증상까지 나타나다니. 더 늦기 전에 해독제가 필요해. 당케야, 걱정 마라. 비수레가 그 해답을 줄 거야. 내가 해독제 레시피를 찾을 때까지 침착하게 기다리고 있도록."

셰프는 벽장 앞으로 다가가 주문을 외웠어요.

"피타골 피타골 피타고라수~학!"
셰프는 벽장 속으로 쏘옥 빨려 들어갔어요. 당케는 지난 일이 자꾸만 후회되었어요.
"으아, 원통하다. 봉쑤아의 꼬임에 빠져 몰라몰라주스를 마시다니. 내 이럴 줄 왜 몰랐던가!"
당케는 제 머리를 콩콩 쥐어박았어요. 손님들은 계속 아우성을 쳤어요.
"여기요, 머리가 뒤죽박죽 어지럽다고요!"
"음식을 달라고요, 음식을!"
"아, 네네. 곧 갑니다. 조, 조금만 더 기다려 주세요."

당케는 언제까지 셰프를 기다려야 할지 막막했어요. 손님들의 아우성에 당케는 머리가 어질어질, 눈이 뱅글뱅글, 곧 쓰러질 것 같았어요.

'내가 왜 이러지? 그래, 맞다! 시원한 얼음물이라도 들이켜면 정신이 돌아올지도 몰라.'

당케는 냉동실에 얼음이 있는지 살펴보기로 했어요. 냉동실 가까이 다가가자 심장이 두근두근했어요. 셰프가 냉동실 근처에는 얼씬도 못하게 해서 한 번도 열어 보지 못했거든요.

얼음 서랍을 연 당케는 눈이 휘둥그레졌어요. 푸른 에메랄드빛을 띤 신비스러운 얼음 5개가 들어 있었어요.

'와, 얼음이 꼭 보석 같은걸.'

당케는 물 잔에 얼음 하나를 동동 띄워 벌컥벌컥 들이켰어요. 그 순간 콧김이 슝슝 나더니 머릿속이 뻥 뚫렸어요.

"와, 시원하다!"

손님들의 아우성치는 소리가 주방까지 들려왔어요.
"빨리요, 빨리! 빨리 먹을 걸 달라고요."
'옳지, 손님들에게 얼음물이라도 한 잔씩 드려야겠다.'
당케는 빈 잔 6개를 꺼내어 물을 담았어요.
'그나저나 얼음이 4개밖에 없네. 얼음이 더 없나?'
당케는 다시 한 번 살펴보았어요.
"있다, 있어. 역시 신비로운 에메랄드빛을 띤 얼음이야."

"얼음이 10개 1묶음과 낱개 4개. 모두 14개야."

"필요한 얼음은 6개."

"음, 14개에서 6개를 덜어 내면 돼. 잠깐, 14개에서 6개를 덜어 낸다?"

그때 파파팍 번개가 치듯 당케의 머릿속에 문제 하나가 떠올랐어요. 봉쑤아가 몰라몰라주스를 먹이고 냈던 바로 그 뺄셈 문제였어요.

'맞아, 이 문제였어. 몰라몰라주스를 먹고 이 문제를 엉터리로 풀었어. 으악!'

당케의 비명 소리에 놀란 손님들이 달려왔어요.

"무슨 일이세요? 혹시 당신도 우리들과 똑같은 증세?"

"세상에, 14 빼기 6이 쉬운 문제라니요?"

"몰라요, 몰라! 아유, 답답해! 이럴 때 몰라몰라주스 한 잔이 생각나는 건 왜일까요?"

"난 6에서 4를 뺐는데, 그러면 안 돼요?"

그러자 당케가 나섰어요.

"알고 보니 엄청 쉬워요. 우리 같이 해 봐요. 자, 우선 얼음물을 한 잔씩 들이켜세요."

손님들은 얼음물을 마셨어요.

"꼴깍, 꼴깍."

"뭐죠. 이 시원한 느낌은?"

"갑자기 콧김이 숭숭, 머리가 뻥 뚫리는 것 같아요."

"나도요."

그때 한 손님이 먼저 나섰어요.

"아하! 14에서 6을 빼는 방법을 이제 알 것 같아요."

"10개 한 묶음인 얼음 틀을 와자작 와자작
비틀어서 낱개로 만들고."

"10개에서 6개를 덜어 내는 거죠."

맞아요!

"얼음 틀에 있던 얼음 4개와 원래 낱개였던 얼음 4개를 더하면 답은 8!"

14-6은
10-6+4와 같아요.

다른 손님도 나서서 말했어요.

"이런 방법도 있어요. 6을 한꺼번에 덜어 내지 말고, 두 번 덜어 내는 거죠."

"먼저 낱개 4개를 덜어 내고."

"얼음 틀의 얼음에서 2개를 더 덜어 내는 거예요."

"남은 것을 세어 보니, 답은 8이에요!"

14-6은
14-4-2와 같아요.

"야호! 이제 알았다."

손님들은 박수를 치며 기뻐했어요.

당케가 감격한 목소리로 말했어요.

"손님들, 존경합니다."

그때 셰프가 쪽지를 들고 나타나 당케를 살짝 불렀어요.

"셰프, 언제 오셨어요? 뭔가 찾아내셨어요?"

"기뻐해라. 드디어 알아냈도다!"

"와, 정말요! 몰라몰라주스의 해독제가 뭔가요?"

"쉿! 조용조용. 해독제는 바로 '콧김슝슝알아알아냉수'란다. 아주아주 오래전, 인류가 탄생하기도 전에 만들어진 푸른빛의 얼음을 동동 띄운 물이지. 콧김슝슝알아알아냉수를 마시면 콧김이 슝슝, 머릿속이 뻥 뚫리고, 정신이 번쩍 들어 차근차근 생각할 수 있게 되지."

"한마디로 냉수 먹고 속 차리란 뜻이네요."

"아니, 그걸 어떻게 알았지?"

"그나저나 셰프, 그렇게 오래된 얼음이 어디 있을까요?"

"몇 년 전 스위스에 갔을 때, 언제나 녹지 않는 신비의 만년설 속에서 찾아왔지. 냉동실에 소중히 보관해 두었단다. 기대하시라, 콧김슝슝알아알아냉수를 만들 태초의 순수한 얼음을 공개하겠다."

"앗, 그럼 그 얼음이 그 얼음?"

그때 손님들이 다가와 셰프에게 인사했어요.

"셰프, 고마워요. 이제야 정신이 번쩍 드네요."

"우린 벌써 속 차렸답니다."

셰프는 깜짝 놀랐어요. 비수레도 보지 않고 어떻게 해독제를 알아냈는지 어리둥절했거든요. 손님들이 웃으며 말했어요.

"이제부터 뭐든지 서두르지 않고, 차근차근 생각하기로 했어요."

"그럼요, 그럼요. 몰라몰라주스 같은 엉터리 음료는 다시는 마시지 않을 거예요. 앞으로 종종 콧김슝슝알아알아냉수 마시러 올게요."

"고마워요, 셰프! 고마워요, 당케!"

손님들은 당케에게 눈을 찡긋하며 식당을 나섰어요.

"몰라몰라 하면서 피했던 문제,

차근차근 생각하면 못 풀 게 없습니다."

여러 가지 뺄셈 방법

뺄셈 문제를 보면 기운이 쭉 빠지고 머리가 지끈지끈 아파 오나요?
그럴 때를 대비하여 온몸으로 즐겁게 하는 뺄셈을 소개할게요.
몸이 풀린 다음에는 반드시 방법 3, 4, 5에 도전해 보세요.

14-6

방법 1

짱구과자를 봉지에서 딱 14개만 꺼내요. 10개를 나무젓가락에 끼우고, 낱개 4개는 접시에 담아요. 이제부터 6개를 부수기 시작해요.
낱개 4개부터 부숴도 상관없고, 나무젓가락에 끼워져 있는 것을 부숴도 상관없어요. 그럼 남은 과자는 몇 개? 그게 바로 정답이에요.

방법 2

엘리베이터를 타고 아파트 14층까지 올라가요. 그런 다음 계단을 이용해서 여섯 층을 내려와요. 고개를 들고 거기가 몇 층인지 확인하면 14-6의 답!
이때 과자 14개를 들고 가, 한 층 내려올 때마다 1개씩 먹는 응용법도 있어요. 그럴 땐 남은 과자 개수가 바로 답이죠!

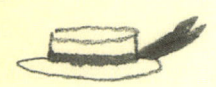

방법 3

 바로바로 빼기 힘들 때는 뒤의 수 6을 둘로 갈라요. 14의 일의 자리 수인 4와 같아지도록 6을 4와 2로 가르기 하면 빼기가 엄청 쉽거든요.
 14에서 4를 빼고, 2를 또 빼면 답이 바로 나오지요?

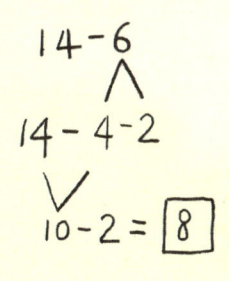

방법 4

 앞에 있는 수 14를 10과 4로 갈라요. 10에서 6을 빼기는 엄청 쉬우니까요.
 그렇게 뺀 뒤 앞에서 갈라 놓았던 4를 더해 주면 정답!
 뺀 뒤에 다시 더하는 걸 잊으면 안 돼요!

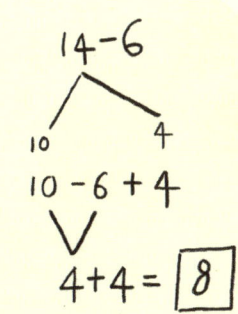

방법 5

 6을 빼는 대신에 먼저 10을 빼고, 더 뺀 4를 더해 주어요.
 어떤 수를 가르기 하지 않고 바로 빼고 더하는 방법이에요. 연필을 쓰지 않고 머리로 셈할 때 잘 쓰이는 방법이에요.

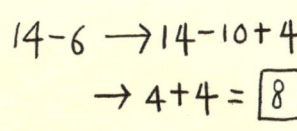

"가만가만, 고양이가 싫어하는 것이 어디 나와 있을 텐데……."
당케는 두꺼운 책을 펼쳐 놓고 책장을 넘기고 있습니다.
"음, 여기 있다! 밑줄 쫙!"

　　　고양이가 싫어하는 것 : 톡 쏘는 냄새나 고약한 냄새.

당케는 갑자기 좋은 생각이 났다는 듯 주방으로 후닥닥 달려갔습니다.

"셰프! 셰프! 신발 좀 빌려 주세요."

"내 신발은 어디에 쓰려고?"

"고양이 퇴치제를 만들려면 톡 쏘는 냄새나 고약한 냄새가 필요하거든요."

"그게 무슨 자다가 봉창 두드리는 소리냐?"

당케는 '고양이에 대해 알고 싶은 두서너 대여섯 가지들'이라고 쓰인 책을 셰프에게 보여 주었어요.

"여기 보세요. 고양이가 요런 냄새를 싫어한대요."

당케는 셰프의 양쪽 신발을 번갈아 가리키며 킁킁 냄새 맡는 시늉을 했어요.

셰프는 영문을 모르겠다는 듯 양쪽 어깨를 으쓱해 보였습니다.

"냄새는 무슨?"

"아휴, 이 정도면 고양이가 싫어하고도 남겠어요. 우리 식당 앞에 셰프 신발을 걸어 놓으면 봉쑤아인가 뭔가 하는 학수식당 고양이가 얼씬도 못할걸요."

"허튼소리 그만하고, 수련에만 매진하도록. 수학은 잔꾀가 아닌 실력으로 맞서야 하는 법이야. 알겠느냐?"

"네."

핀잔을 들은 당케는 쥐 죽은 듯이 가만히 앉아 생각에 잠겼어요.

"그래, 맞다! 셰프 신발에 식초를 뿌리면 되겠어. 고약한 냄새와 톡 쏘는 냄새의 환상적인 만남! 캬, 완벽해."

당케는 셰프가 가끔 외출할 때만 신는 구두를 신발장에서 꺼내어 식초를 뿌렸어요. 그러고는 식당 앞에 걸어 놓았어요. 코를 막고 달아날 봉쑤아를 생각하니 킥킥 웃음이 절로 나왔어요.

바로 그때, 드르륵 문이 열리는 소리가 들려왔어요.

"여기가 수학식당인가요?"

"네네. 어서 오십시오."

당케는 손님을 반갑게 맞이했어요. 손님은 식당 안을 휘 둘러보더니 무언가를 막 세기 시작했어요.

"하나, 둘, 셋, 넷, 다섯, 여섯, 일곱, 여덟……."

당케는 어안이 벙벙했어요.

"손님, 지금 무얼 세고 계시는 건가요?"

"의자요. 수학식당에 자리가 몇 개 있는지 궁금해서요."

"진작 당케에게 물어보시지. 다른 건 몰라도, 수학식당에 관한 건 하나부터 열까지 완벽하게 꿰고 있당케."

"아니에요. 제가 직접 세어 볼래요."

그 순간 당케는 수학식당에 자리가 몇 개 있는지 모르고 있었다는 걸 깨달았어요.

'으, 이런 한심한!'

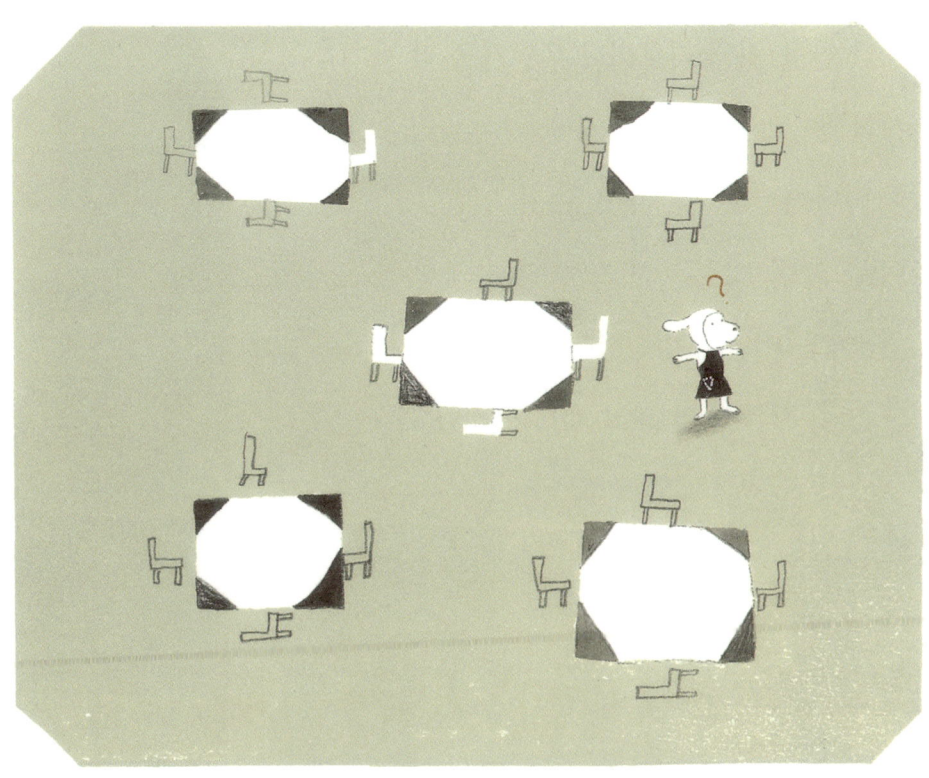

당케는 얼른 의자를 세기 시작했어요.

'하나, 둘, 셋, 넷에다가 다섯, 여섯, 일곱, 여덟……. 아차차! 의자를 일일이 셀 게 아니라 이럴 때 수학을 활용해야지! 모든 테이블에 의자가 4개씩 있으니까, 셰프가 강조하시던 묶어 세기를 해 보겠어.'

'의자가 4개씩 5묶음이로군. 묶긴 묶었는데, 그다음엔 어떡한담?'

당케는 어떻게 해야 할지 몰라 머뭇머뭇하고 있었어요.

그때 손님이 말을 걸었어요.

"뭐하세요? 제가 벌써 다 세었는데. 의자는 20개예요."

"네? 벌써요? 죄송합니다. 잠시 딴생각을 하느라고요. 손님께 무슨 요리가 어울릴지 생각하고 있었다고나 할까?"

당케는 얼른 핑계를 대며 말을 돌렸어요.

"그나저나 손님은 무얼 드시고 싶으신지요? 저희 수학식당으로 말할 것 같으면, 수학에 흥미를 잃으신 분이나, 수학 때문에 입맛을 잃으신 분들을 위한 맞춤 메뉴가 준비되어 있으며……."

1 2 3 4 5 6 7
8 9 10 11 12 13

그사이 손님은 또 무언가 열심히 세고 있었어요.

"하나, 둘, 셋, 넷, 다섯, 여섯……."

"손님! 뭘 드시고 싶냐고요?"

"아휴, 자꾸 말 시키지 마세요. 컵을 세고 있다니까요."

"컵의 개수는 세어서 뭐하시려고요?"

"아이고, 처음부터 다시 세어야겠어요. 하나, 둘, 셋, 넷, 다섯, 여섯……."

당케는 손님이 의아스러웠지만, 왠지 지고 싶지 않았어요.

손님보다 빨리 세어야 될 것 같은 마음이 들었지요.

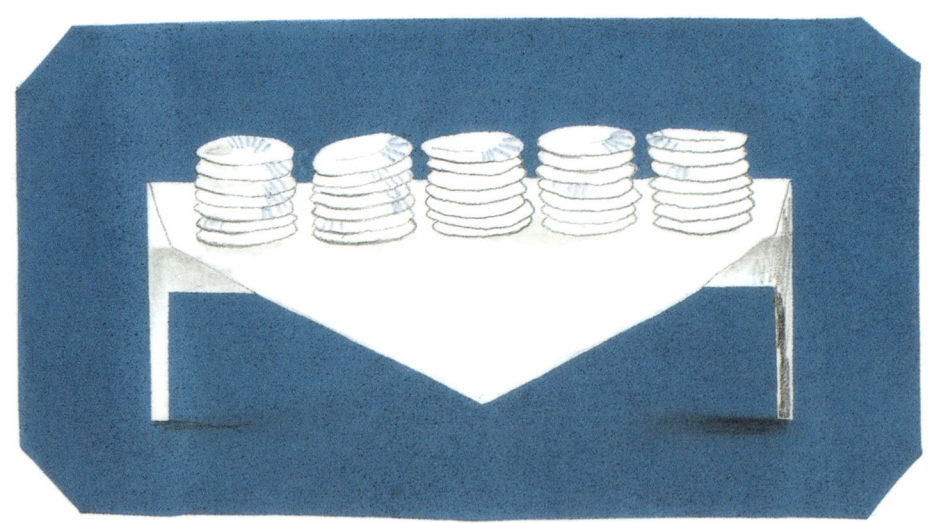

'한 칸에 컵이 6개씩 있군. 좋아, 이번에도 묶어 세기에 도전!'

하지만 이번에도 당케는 묶은 다음에 어떻게 해야 할지 몰라 눈만 데굴데굴 굴리고 있었어요.

그때 손님이 당케의 어깨를 두드리며 말했어요.

"컵이 24개네요. 오호, 저기엔 접시가 있군요. 접시가 하나, 둘, 셋, 넷, 다섯, 여섯, 일곱……."

손님은 접시를 센 뒤에도, 숟가락을 세고, 젓가락을 세고, 포크를 세고, 타일을 세고, 문짝을 세고, 무언가를 마구마구 세어 수첩에 적었어요.

당케는 의심이 들었어요.

'의자를 세지 않나, 컵을 세지 않나 아무래도 이상해. 수상해.'

"손님, 아까부터 수첩에 뭘 적고 계시는 거죠?"

"아, 아니, 아니에요."

손님은 얼굴이 빨개지더니 말까지 더듬었어요.

"뭐가 아니에요. 어디 저 좀 보여 주세요."

"아니라니까요."

손님은 들고 있던 수첩을 급하게 감추다가 그만 떨어뜨렸어요.

당케가 얼른 수첩을 집어 들었어요.

수첩에는 봉쑤아가 그려져 있었어요.

"엉, 봉쑤아잖아! 그럼 혹시 학수식당?"

"아니, 어떻게 알았어요?"

당케는 그냥 넘겨짚었을 뿐인데, 손님이 스스로 모든 걸 털어놓았어요.

"휴, 들켰네요. 저는 뭐든지 하나, 둘, 셋, 넷 하고 세어 보아야 직성이 풀려요. 세상에 있는 모든 것이 몇 개인지 알고 싶어 못 참겠어요. 그런데 뭐든지 하나하나 세다 보니, 문제가 많아요. 보도블록 개수를 세다가 학교에 늦은 적도 많고, 소풍 갈 때 버스가 몇 대인지 세다가 못 탄 적도 있어요."

"저런, 그래서요?"

"더 빨리 세는 방법을 고민하다가 학수식당을 찾아갔지요. 그런데 수학식당을 조사해 오면 그때 알려 준다고 했어요."

그때 유리창 밖에서 수근거리는 소리가 들려왔어요.

"에이, 들켰잖아요."

"그러게, 저 손님이 어찌 좀 어리바리한 게 못 믿겠다 싶더니, 들키고 말았군."

"근데 셰프, 이제 그만 돌아가면 어떨까요? 에취! 아까부터 에취, 뭔지 모를 고약하고 톡 쏘는 냄새 때문에 에취, 더 이상 못 견디겠습니다요. 에취, 아이고 눈도 매워 옵니다요."

"그래, 일단 돌아가자."

"어서요, 어서!"

"아니, 이건 어디서 많이 듣던 목소리!"

당케가 놀라서 밖에 나가 보니, 봉팔 셰프와 봉쑤아의 달아나는 뒷모습이 보였어요.

그때 셰프가 등장했습니다.

"참 안타까운 사연이군요. 아무튼 손님은 수를 굉장히 사랑하는 분이십니다. 짝짝짝. 대단하십니다. 제가 손님의 고민을 조금이나마 풀어 드리고 싶군요."

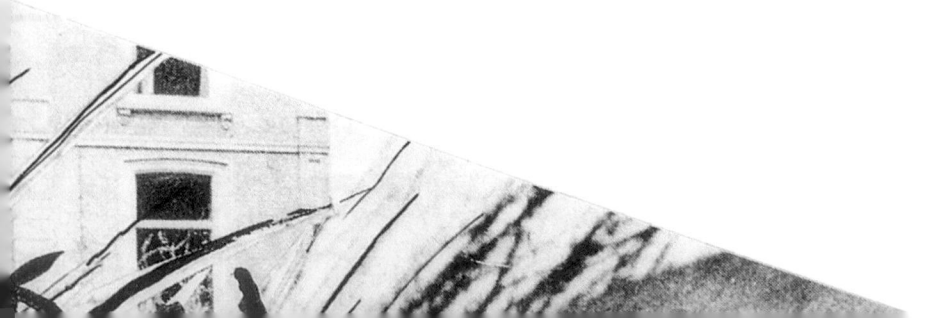

"아, 그럼 빨리 셀 수 있는 방법을 알고 계시단 말씀이시죠?"

셰프는 대답 대신 당케에게 준비된 요리를 가져오라고 손짓을 했습니다.

"손님의 고민을 해결해 줄 만한 특별 음식이 준비되어 있습니다. 바로 떡꼬치입니다. 떡꼬치에 꽂혀 있는 떡이 모두 몇 개인가요?"

"잠깐만요. 하나하나 세어 볼게요. 하나, 둘, 셋, 넷, 다섯, 여섯, 일곱, 여덟, 아홉, 열, 열하나, 열둘, 열셋, 열넷, 열다섯, 열여섯, 열일곱, 열여덟, 열아홉, 스물. 20개예요!"

당케가 이제 여덟 개째 세고 있을 때 손님은 벌써 다 세었어요.

"오, 빠르십니다. 역시 수 세기를 좋아하시는 분답게 정확하게 잘 세었습니다. 그럼, 이번엔 일일이 세지 않고, 4씩 뛰어 세기를 해 볼까요?"

"넷, 여덟, 열둘, 열여섯, 스물. 헉헉, 하나하나 세는 것보다 빨라요. 하지만, 숨이 차네요."

"처음엔 그럴 수도 있습니다. 그럼, 이번엔 덧셈을 이용해서 세어 볼까요?"

"수를 세는 데 무슨 덧셈이 필요해요?"

손님은 셰프의 말에 어리둥절한 표정을 지었어요. 그때 당케가 제 머리를 콩콩 찧으며 말했어요.

"맞다, 덧셈! 덧셈이군요! 내가 진작 덧셈을 활용해야 했어."

"무슨 말씀이세요?"

"제가 묶긴 묶었는데, 그다음을 몰랐거든요. 무슨 말씀이냐면, 떡꼬치가 4개씩 5묶음이니까, 요렇게 덧셈식을 세우라는 말씀!"

$$4 + 4 + 4 + 4 + 4 = \square$$

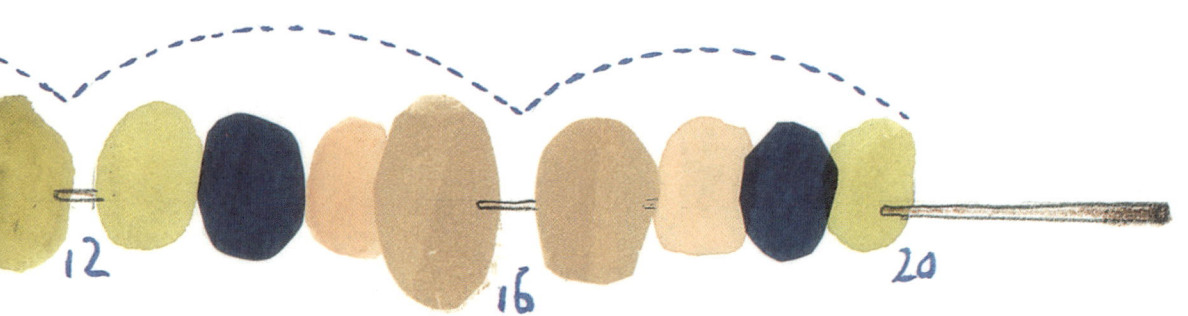

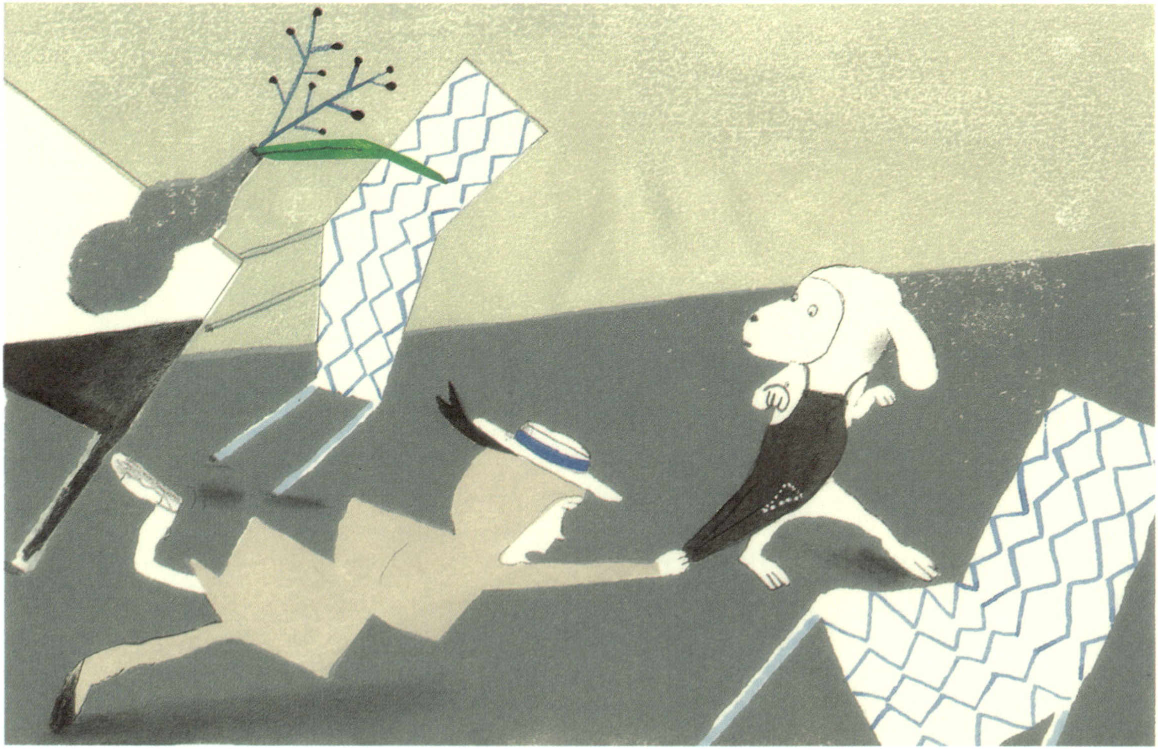

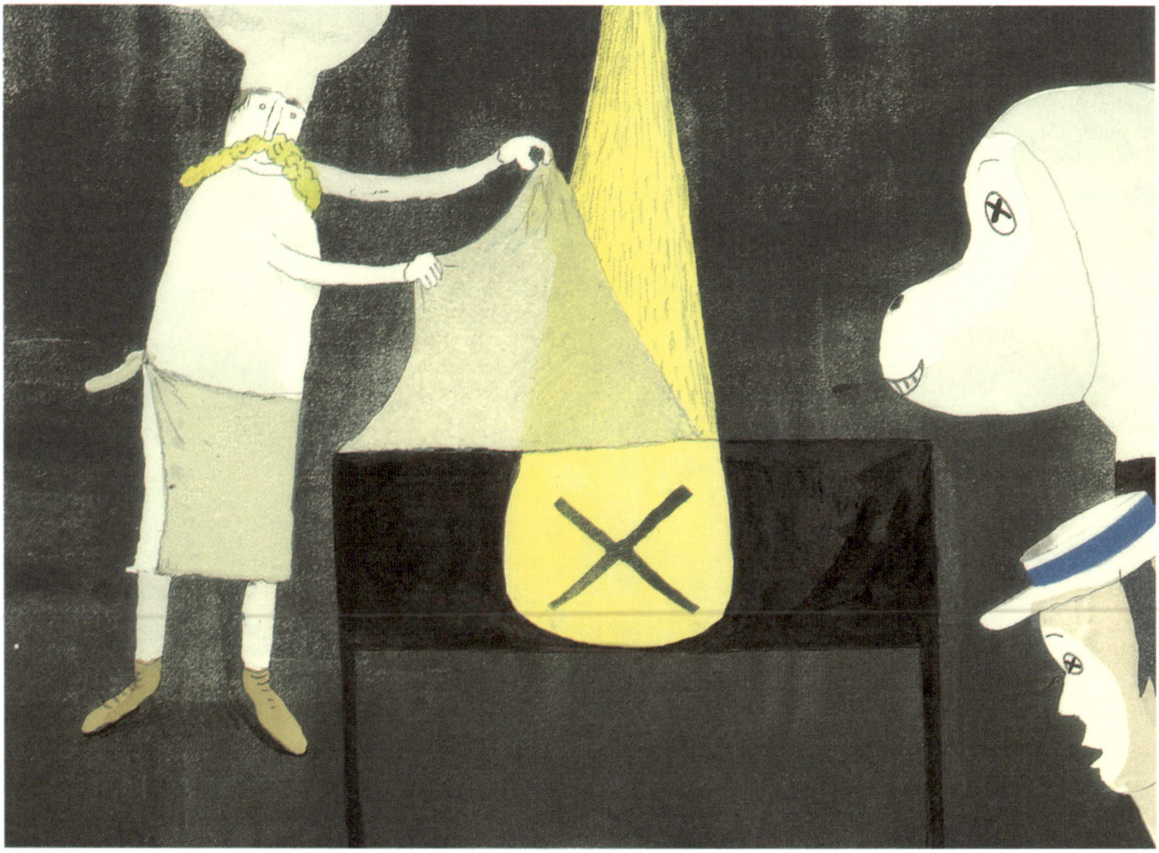

"제법인걸, 당케."

"계산은 손님이 해 보세요. 난 좀 바빠서 이만."

당케는 얼른 자리를 피하고 싶었어요.

하지만 손님은 당케의 앞치마 자락을 붙잡고 놓지 않았어요.

"어딜 가세요. 식만 세우지 말고 덧셈도 하셔야지요."

"제가 그걸 알면 얼마나 좋겠어요?"

그때 셰프가 나서서 말했어요.

"그래서 나온 게 바로 곱셈구구입니다. 잠시만……."

셰프는 갑자기 테이블보를 휙 걷었습니다.

"짜자잔!"

그러자 테이블 위에 기호 'x'가 나타났어요.

"이게 무슨 기호인가요?"

"x는 '곱하기'를 나타내는 기호입니다."

"더하기를 가르쳐 주신다더니, 웬 곱하기?"

"곱하기는 새로운 것이 아니라, 더하기에서 나온 거예요. 같은 수를 몇 번 더하라는 뜻이지요. ×를 사용하면 복잡해 보이는 덧셈식을 곱셈식으로 간단하게 나타낼 수 있어요. 자 보세요."

"4씩 5묶음을 덧셈으로 나타내면, 요렇게 돼요."

4+4+4+4+4

"이걸 '×'라는 기호를 활용하면, 요렇게 간단히 쓸 수 있어요."

4×5

"아, 4×5는 4를 5번 더하라는 뜻이군요."

"그렇지요. 4를 5번 더하니 4의 5배라고 말할 수도 있지요."

셰프는 당케에게 떡꼬치를 더 가지고 오라고 눈짓을 했습니다.

"여기 떡이 4개씩 꽂힌 떡꼬치 9개가 있습니다. 그럴 때 떡은 모두 몇 개일까요?"

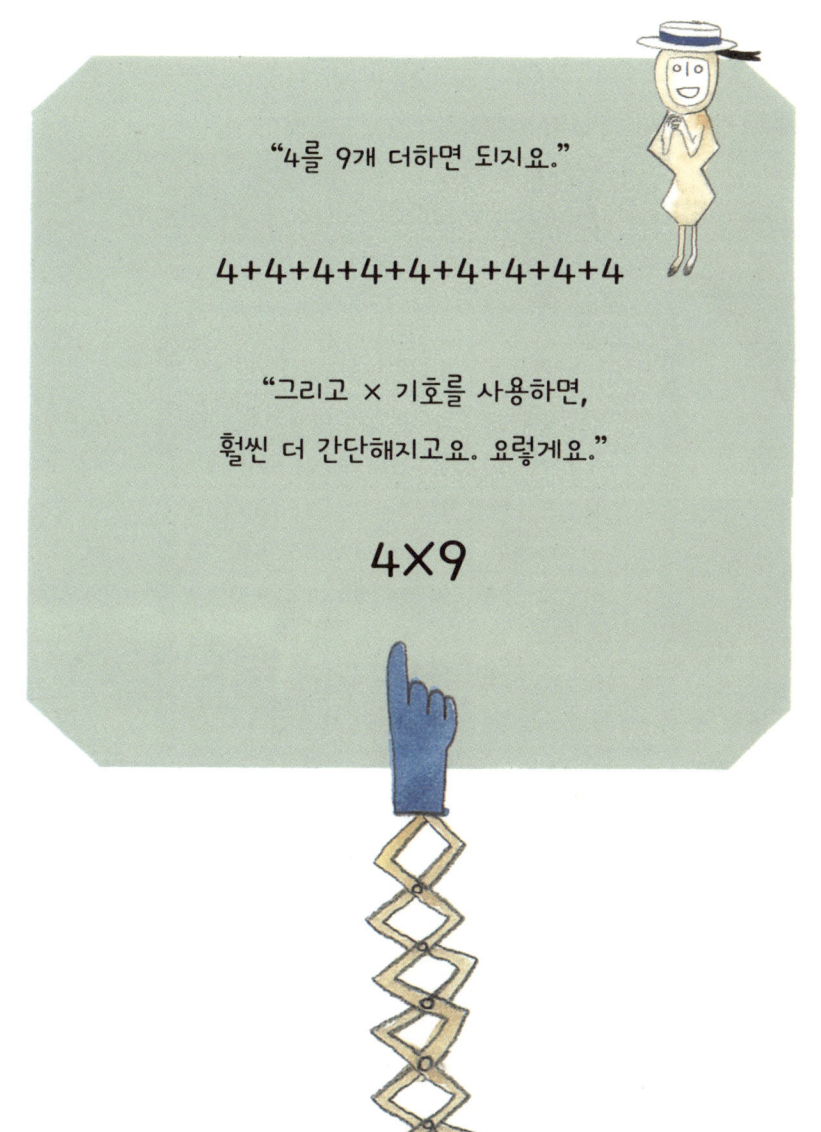

"4를 9개 더하면 되지요."

4+4+4+4+4+4+4+4+4

"그리고 × 기호를 사용하면, 훨씬 더 간단해지고요. 요렇게요."

4×9

그때 당케가 뾰로통한 얼굴로 투덜댔어요.

"근데 어떻게 4를 9번이나 더하냐고요? 계산하기 힘들어요."

"답은 곱셈표에서 찾아보면 알 수 있어요. 곱셈표는 미리 덧셈을 해서 표로 만들어 놓은 것입니다."

셰프가 다른 테이블보를 걷자 곱셈표가 나타났어요.

"세상에, 이렇게 간단할 수가!"

"셰프, 저 이제 그만 수련해도 되겠습니다. 저에게 딱 이 테이블 하나만 주신다면요."

그러자 손님이 울상을 지었어요.

"저는요? 저는 어떡해요? 이 테이블 저 주시면 안 될까요?"

"허허, 걱정 마세요. 곱셈표를 외우면 아주 편리합니다. 외우는 건 어렵지 않아요. 백 번만 따라하면 저절로 외워져요. 사일은 사, 사이 팔, 사삼 십이, 사사 십육……."

당케와 손님은 떡꼬치에서 떡을 하나씩 빼 먹으며 곱셈구구를 외웁니다.

"곱셈구구를 외우면 무거운 테이블을 등에 지고 다니지 않아도 됩니다."

왜 곱셈구구일까?

　아주 오래전 고대 그리스 시대에는 곱셈구구를 9단부터 거꾸로 외웠대요. 9×9=81(구구 팔십일)부터 시작해서, 9×8=72(구팔 칠십이), 9×7=63(구칠 육십삼)……. 이렇게 말이에요. 왜 그랬을까요?

　몇몇 귀족들은 계산을 하는데 무척 편리한 곱셈구구를 자기들끼리만 알고 싶어 했대요. 그래서 일반 사람들은 잘 알지 못하도록 일부러 어렵게 9×9=81부터 거꾸로 외우게 한 거래요. 구구 어쩌고저쩌고 하면서 시작한다고 해서 '곱셈구구'라는 이름이 붙었고요.

　오늘날, 곱셈구구는 알고 싶으면 누구나 마음대로 배울 수 있어요. 그런데 잘 외워지지 않아 걱정이라고요?

　여기서 손가락으로 재미있게 곱셈구구를 알아보는 방법을 알려 줄게요. 9단을 알아보는 방법이에요.

　언제 어디서나 손가락만 구부렸다 펴면 9단은 문제없답니다.

　그럼 모두 손가락 체조 준비!

맨 먼저 마음속으로 열 손가락에
쭉 번호를 매겨요.

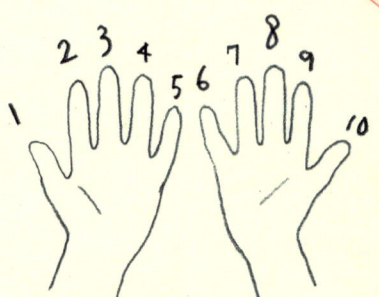

만약 9x8을 알고 싶다면,
8번 손가락을 살짝 구부려 주세요.

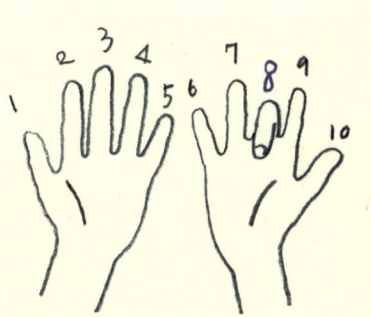

8번 손가락을 기준으로 하여
왼쪽에 있는 손가락 개수를 세어
십의 자리에 놓고, 오른쪽에 있는
손가락 개수를 세어 일의 자리에
놓으면 끝!

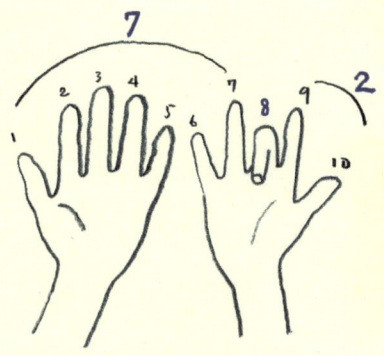

$9 \times 8 =$ 7 2

나머지도 마찬가지예요.
9x5를 알고 싶다면 5번 손가락을, 9x6을
알고 싶다면 6번 손가락을 구부리면 되지요.
9단 참 쉽죠?

당케는 오븐을 들여다보며 고개를 갸웃갸웃합니다. 오븐 속 치즈케이크의 색깔이 아무래도 수상해 보였거든요.

'뭐야, 치즈케이크가 까매지네. 설마 탄 건 아니겠지?'

당케는 셰프의 말을 다시 한 번 떠올렸어요.

"치즈케이크는 낮은 온도에서 오래 구워야 한다. 온도는 120도로 설정하고, 1시간 30분 동안 굽도록 하여라."

셰프가 비수레를 연구하러 벽장으로 들어가자마자 당케는 오븐의 타이머를 1시간 30분으로 맞추었어요. 그런데 참 이상한 일이죠? 다 되려면 시간이 아직도 멀었는데, 치즈케이크가 점점 까매지는 거예요.

'내가 무슨 실수라도 한 걸까? 분명히 1시간 30분으로 맞췄는데…….'

당케는 뭐가 잘못된 건지 알 수가 없었어요. 바로 그때 문이 열리는 소리가 들려왔어요.

"여기가 수학식당인가요?"

"네네, 잠깐만 기다리세요. 곧 나갑니다."

"기다리라니요? 바빠요, 바빠. 빨리 음식을 해 주세요. 시간이 없다고요, 시간이."

오븐 앞을 지키고 서 있던 당케는 부리나케 뛰어나왔어요.

"애고애고, 늦어서 죄송합니다. 무슨 급한 일이 있으신가 봐요?"

"점심 먹을 시간이 없어요."
"아무리 바빠도 그렇지 점심시간은 지키셔야지요. 12시에는 모두가 하던 일을 멈추고 즐겁게 점심 먹기! 앞으로는 점심시간을 꼭꼭 챙기세요."
"저한테는 정말로 점심시간이 없다니까요. 자, 보세요."
손님은 팔을 쑥 내밀었습니다.
"에구머니나! 정말로 12시가 없네. 대체 이런 괴상한 시계는 어디서 났어요?"
"요 앞 식당에서 주던걸요. 학수식당 말이에요."

"아니 그런 위험한 곳을 가시다니요. 앞으로는 절대로 가지 마세요. 그런데 학수식당에서 왜 이런 시계를 주었을까요?"

"며칠 전에 그 식당을 찾아갔어요. 수학에 관한 모든 고민을 해결해 준다고 해서요."

손님은 이야기를 술술 털어놓았어요.

"저는 시계 보기가 서툴러요. 그래서 학교에 늦을 때가 많죠. 선생님은 꾸지람을 하시고, 친구들은 나를 지각 대장이라고 놀려요. 저는 지각 대장이라고 놀림 받는 게 너무 싫어요. 그래서 학수식당을 찾아가 시계 보는 법을 알려 달라고 부탁했어요."

당케는 시계 보는 법이라는 말에 귀가 솔깃해졌습니다.

"학수식당에서 바로 알려 주던가요?"

"아니요. 우선 자리에 앉으라고 하더니 눈 깜짝할 사이에 음식을 내왔어요."

"어떤 음식인데요?"

"햄버거요. '얼렁뚱땅번갯불에콩버거'라나 뭐라나? 후딱 먹어 치우라고 하더니 어서 이 손목시계를 차래요. 세상에서 가장 보기 쉬운 시계라면서. 이 시계는 몇 시, 몇 분을 그냥 시곗바늘이 가리키는 숫자대로 읽으면 된대요. 단, 분을 읽을 때는 긴바늘이 가리키는 숫자에다 0을 붙여야 해요."

"아하, 긴바늘이 2를 가리키면 20분. 이렇게요?"

당케는 정신이 나간 사람처럼 학수식당의 손목시계에 빠져들었어요. 그러다 흠칫 놀라며 정신을 차렸어요.

'내가 무슨 생각을 한 거야? 학수식당 시계에 관심을 가지다니. 이러면 안 되지, 안 돼.'

손님이 계속 말을 이었어요.

"그런데요, 이 시계를 차고 난 뒤부터 고민이 더 커졌지 뭐예요. 저한테는 이제 11시도 없고, 12시도 없어요. 시간이 온통 뒤죽박죽이 되었다고요. 어떡하죠?"

"어떡하긴요. 아주 간단합니다."

"정말요? 방법이 있어요? 아, 그러고 보니 당신이 바로 이 식당의 후계자로 소문이 자자한 당케 씨로군요. 역시 대단하세요. 빨리 그 방법 좀 알려 주세요."

"손목시계를 푸시면 됩니다."

"헉!"

그때 "땡!" 하는 소리가 주방에 울려 퍼졌어요.
"이게 무슨 소리죠? 이 냄새는?"
어느새 식당 안에 매캐한 연기가 자욱했어요.
"아이코! 이게 웬일이야? 오븐아, 날 살려라!"
당케는 부랴부랴 달려갔어요. 오븐 앞에는 이미 셰프가 화난 얼굴을 하고 서 있었어요. 까맣게 타 버린 치즈케이크를 들고서 말이에요.

"셰프, 어, 언제 나오셨어요?"

당케는 놀라서 말까지 더듬었어요.

"분명히 1시간 30분이라고 했는데. 당케, 정신을 어디에 팔고 있었던 거야?"

"셰프, 억울합니다. 분명히 1시간 30분. 즉 130분으로 맞췄단 말이에요."

"가만가만, 지금 뭐라고 했지? 1시간 30분이 130분이라고?"

셰프는 어이없는 표정을 지었어요. 하마터면 케이크 접시를 바닥에 떨어뜨릴 뻔했지요.

"1시간이 100분이니까, 맞잖아요."

손님도 당케를 거들며 나섰어요.

"맞지 않나요? 여기 시계를 보세요. 긴바늘이 한 바퀴 돌면 10을 가리키니까, 10에 0을 붙여서 1시간은 100분. 맞아요!"

"아니, 어디서 이런 시계를!"

셰프는 얼굴이 붉으락푸르락해졌어요.

"봉팔 셰프, 그가 또 못된 짓을 꾸몄어. 세상의 약속과 수학의 질서를 제멋대로 뒤집으려 하다니."

셰프는 봉팔 셰프와 수련하던 시절이 떠올랐어요.

어린 시절 봉팔은 누구보다 셈을 잘했지요. 수학 천재라 불릴 만큼 계산이 빨랐어요. 아무리 어렵고 복잡한 셈이라도 연필 하나 잡지 않고 척척 암산을 해내곤 했어요.

봉팔은 수학식당을 이어 나갈 후계자로 떠올랐어요. 하지만 봉팔은 스승님이 가르치는 수학에 불만이 많았어요.

"왜 1시간은 60분인 거야? 100분이면 안 돼? 그리고 시계는 왜 12시까지 있는 거지? 10시까지만 있어도 될 것 같은데. 지금까지의 수학은 모두 엉망이야. 내가 새로운 수학을 만들어, 세상 사람들이 모두 내 수학을 따르게 할 거야."

셰프는 봉팔에게 자신의 생각을 전했지요.

"봉팔, 수학은 세상을 다스리는 방법이 아니라, 세상을 이해하는 방법이지 않을까? 수학은 누군가가 하루아침에 뚝딱 만들어 낼 수 없는 거야. 오랜 세월 동안 사람들이 살아오면서 얻은 지혜라고 생각해."

"허튼소리 그만해. 지혜는 무슨? 내가 후계자가 되면, 낡은 비수레를 없애고 수학을 새로 쓸 거야. 내 마음대로 모든 걸 바꿔 버리겠어."

어느 날, 스승인 옥 셰프가 조용히 봉팔과 셰프를 불렀어요.

"오늘 너희 둘을 부른 이유는 수학식당의 미래를 책임질 후계자를 뽑기 위해서이다. 후계자에게 비수레를 물려주도록 하겠다. 비수레는 수천 년간 전해 내려온 비밀 수학 레시피로, 세상의 질서와 자연의 이치, 그리고 사람들의 따뜻한 마음이 담긴 보물이지."

그러고는 셰프를 후계자로 삼고 비수레를 물려주었어요. 봉팔은 스승님의 결정에 불만을 품었지요.

"흥! 스승님은 나의 재주를 시기하는 거야. 셈이 느린 너를 후계자로 삼다니. 내가 자신보다 더 뛰어날까 봐 두려운 게지. 어디 두고 보라고."

봉팔은 수학식당을 뛰쳐나가고 말았어요.

몇 년 뒤, 옥 셰프는 돌아가시기 전에 셰프에게 유언을 남겼어요.

"무슨 수를 써서라도 봉팔을 막아야 한다. 수학의 질서를 한순간에 무너뜨리면 큰 혼란이 찾아올 거야. 비수레는 누구나 가질 수 있는 게 아니야. 수학으로 사람을 행복하게 해 주고 싶은 따뜻한 마음의 소유자만이 가질 수 있어."

셰프는 양 주먹을 불끈 쥔 채 온몸을 부르르 떨었어요. 손님은 셰프가 자신에게 화를 내는 줄 알고 조심스레 말을 건넸어요.

"셰프, 제가 엉터리 시계를 차고 와서 화가 나셨군요. 정말 죄송해요."

"손님 때문에 화가 난 게 아닙니다. 저는 다만 학수식당…….

아, 아닙니다. 손님께 바라는 건 딱 한 가지입니다. 시계에서 긴바늘이 한 바퀴 돌면 60분이 됩니다. 1시간은 60분이라는 것을 꼭 기억해 주세요."

잠자코 있던 당케가 갑자기 무릎을 탁 치며 말했어요.

"그렇다면 셰프가 말씀하신 1시간 30분이, 130분이 아니었다는 말씀? 60분에 30분을 더한 거니까, 90분이네요?"

"이제야 알겠느냐? 치즈케이크를 90분만 구워야 했어."

"저는 그런 줄도 모르고, 레시피가 틀린 줄 알았네요. 헤헤."

당케는 멋쩍은 웃음을 지으며 말했어요.

손님이 셰프에게 질문을 했어요.

"그런데요, 1시간은 왜 100분이 아니고 60분이죠?"

"그건 약속입니다."

"약속이라고요? 약속할 때 나는 안 부르던데. 언제 했지?"

당케가 발끈해서 말했어요. 셰프는 하늘을 힐끗 바라보며 말을 이었어요.

"아주 오랜 옛날, 고대 바빌로니아 사람들로부터 내려오는 약속이지요. 그때 사람들은 하늘의 해와 달, 별의 움직임을 관찰하다가 1년에 달이 12번 작아졌다 커졌다 하는 걸 알게 되었죠. 또 해가 30번 떴다 졌다 하면서 1달이 흐르고, 그렇게 12달 동안 360번 정도 해가 떴다 졌다 하면 1년이 흐른다는 것도 알게 되었고요. 그래서 12나 360 같은 수에 익숙해졌고, 360을 6개로 쪼갠 60이라는 수를 시간의 단위로 쓰게 되었다고 해요."

잠시 후 셰프는 미리 만들어 놓았던 치즈케이크들을 가져왔어요.

"1시간이 60분이면 1시간이 100분인 것보다 시간을 쪼개어 쓰기 더 편해서 그랬다고 말하는 수학자들도 있습니다. 자, 보세요."

"1시간을 이렇게 여러 가지 방법으로 쪼개어 쓰면 그만큼 시간을 편리하고 알차게 보낼 수 있겠군요."

"그렇습니다. 손님."

"1시간은 60분! 꼭 기억할게요. 하지만 1시간이 100분이면 더 좋을 것 같기도 해요. '컴퓨터 게임 1시간만 해라.'라고 할 때나 '친구들이랑 1시간만 놀다 와라.' 할 때 훨씬 오래 놀 수 있을 테니까요."

"그런데 늘 즐거울 때만 있을까요? 지루할 때, 시간이 잘 안 갈 때 1시간이 100분이라면, 얼마나 참기 힘들까요?"

당케와 손님은 각자 지루한 1시간을 상상했어요.

"벌 서고 있을 때 1시간이 100분이라면? 어휴, 다리야."

"빵 반죽 저을 때 1시간이 100분이라면? 어휴, 팔이야."

셰프는 팔과 다리를 두드리는 당케와 손님을 보고 미소를 지었습니다.

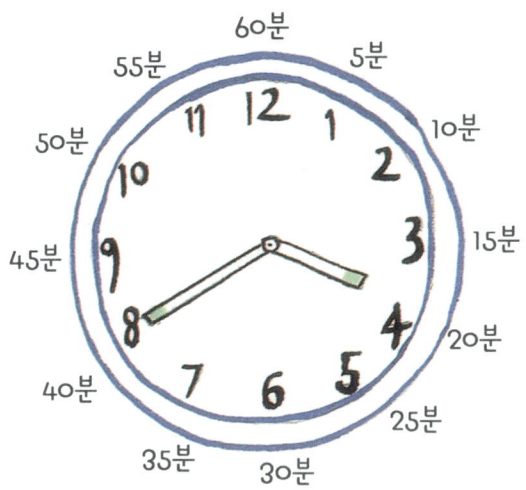

"그런데요, 시간이 약속이라면 시계도 약속인가요?"

"그렇습니다. 시계도 마찬가지입니다. 우리들이 사용하는 시계는 짧은바늘과 긴바늘이 있습니다. 짧은바늘은 '시'를, 긴바늘은 '분'을 가리키는 걸로 약속했어요. 시계판에 있는 숫자는 '시'를 나타내기로 했고요. '분'은 시계판의 숫자가 1씩 커질 때마다 5분씩 커지기로 했지요. 그러니 분을 읽을 때는 마음속으로 잘 생각해 보고 읽어야 해요."

"우아! 셰프, 5분씩 커져서 60분이 지나면 딱 1시간이네요. 이제 시계 보는 건 자신 있어요."

"1시간은 60분이라는 약속, 잘 지키겠습니다!"

손님이 환하게 웃으며 큰 소리로 말했습니다.

"째깍째깍 돌아가는 시계,
 마음의 눈으로 보면 더 잘 보입니다."

시간 알기

1시간은 60분이라는데, 1분은 얼마나 긴 시간일까요?

1분은 60초예요. 1초는 눈 깜짝하는 사이, 재채기 한 번 할 사이에 지나가는 짧은 시간이랍니다.

1분은 그런 짧은 순간이 60개 모인 시간이에요.

1분, 1초는 기분에 따라, 상황에 따라 짧은 시간으로 느껴질 때도 있고, 긴 시간으로 느껴질 때도 있어요.

매일매일 살아가면서 하게 되는 여러 가지 일들이 어느 정도의 시간이 걸리는 일인지 재어 보세요. 1분, 혹은 1분 30초, 2분이라고 하면 각각 어느 정도의 일을 할 수 있는 시간인지 시간 감각을 키울 수 있어요.

스톱워치나 휴대 전화를 이용하여 시간을 재어 보고, (　　)에 써 보아요.

하품하는 데 = (　　)초

〈학교 종이 땡땡땡〉 노래 부르는 데 = (　　)초

애국가 1절 부르는 데 = (　　)분 (　　)초

달걀 프라이 한 개 먹는 데 = (　　)분 (　　)초

드라이어로 머리 말리는 데 = (　　)분 (　　)초

"고마워." 문자 메시지 보내는 데 = (　　)분 (　　)초

학교까지 걸어가는 데 = (　　)분 (　　)초

화장실에서 작은 일 보는 데 = (　　)분 (　　)초

* 더 재어 보고 싶은 일을 써 보세요.

셰프는 이른 아침부터 분주합니다. 오늘은 세계 수학 요리 학회가 열리는 날이거든요.

"셰프, 아침부터 뭘 그리 만들고 계세요?"

"세계 수학 요리 학회에 들고 갈 작품을 만드는 중이다. 마침 잘 왔구나. 이제부터 너의 도움이 필요하거든."

"저에게 그리 막중한 임무를 주시다니요. 셰프, 맡겨만 주십시오."

"작품 이름은 '차곡차곡마카롱피라미드'. 겉은 바삭바삭, 속은 촉촉, 씹을수록 쫀득쫀득한 마카롱에 '규칙'이라는 수학 원리를 불어넣었지."

"바삭바삭, 촉촉, 쫀득쫀득한 것이 수학 원리까지 품었다고요? 세상에! 모든 걸 다 갖추었군요. 바로 저 당케처럼요."

셰프는 어처구니가 없어서 얼른 말을 돌렸어요.

"이러고 있을 때가 아니다. 당케야, 네가 도울 일은 바로 이것!"

셰프가 천을 걷자 피라미드 모양의 케이크가 짠 하고 나타났어요.

"여기에 마카롱을 붙이면 '차곡차곡마카롱피라미드'가 되는 거야."

"헤헤, 쉽네요. 제 맘대로 붙이면 되죠?"

"아무렇게나 붙이면 안 되고, 규칙에 따라 차곡차곡 붙여야 해. 시범을 보일 테니 잘 보아라. 첫째 줄에 한 개를 붙이고, 다음은 두 개, 그다음은 세 개……. 규칙이 무엇인지 알겠느냐?"

"한 줄 붙일 때마다 그 위 줄보다 하나 더 많게 붙이면 되잖아요."

"세상에! 규칙을 이렇게 빨리 발견하다니. 제법인걸, 당케."

"규칙, 그거 별거 아녜요. 잘 들여다보면 저절로 보인다니까요."

"그렇다면 당케야, 마카롱을 여섯째 줄까지 붙일까 하는데, 모두 몇 개가 필요할까? 마카롱이 모자라면 안 되거든."

"그러니까 그게, 잠깐만요!"

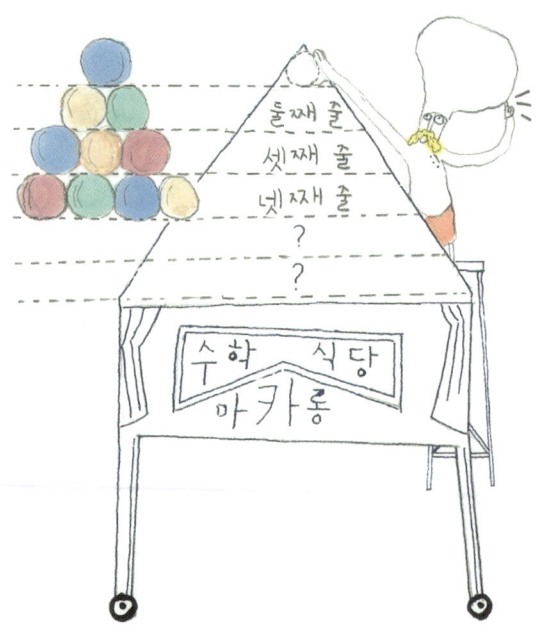

'넷째 줄까지 더하면 모두 10개야.'

   1+2+3+4=10

'다섯째 줄까지 붙이려면 10에다 5를 더해야지.'

   10 + 5 = 15

'여섯째 줄까지 붙이려면, 15에다 6을 더해야 해. 그러니까……'

   15 + 6 = 21

"21개요!"

"와! 넌 해낼 줄 알았다. 대견하구나, 당케. 그나저나 피라미드의 네 쪽 옆면에 21개씩 붙이면, 마카롱이 남겠는걸."

당케는 마카롱을 규칙대로 차곡차곡 붙였어요. 눈 깜짝할 사이에 마카롱피라미드가 완성됐어요.

"짝짝짝, 수고했다. 남은 마카롱은 여기에 차곡차곡 담아야겠다."

셰프는 기다란 쟁반을 가져왔어요.

"딸기 마카롱과 초콜릿 마카롱이 남았구나. 그렇다면, 좋아! 이번에도 규칙에 따라 마카롱을 놓아 보자. 어떤 규칙인지 잘 보도록."

"여기서 문제! 15번째 놓을 마카롱은 무슨 마카롱일까?"

"그야, 딸기 마카롱이죠."

"왜 그렇다고 생각하느냐?"

"슬슬 나올 때가 됐거든요."

"감으로 말하지 말고, 규칙을 찾아라."

"딸기와 딸기 사이가 점점 더 벌어지고 있어요."

"좋아, 바로 그거야. 조금 더 정확히! 얼마만큼 벌어지고 있는지를 수로 말하면?"

"딸기와 딸기의 간격이 2, 3, 4, 5로 1씩 커지고 있어요. 그러니까 15번째에는 딸기 마카롱을 놓아야 한다는 말씀!"

"당케야, 눈물이 나려고 한다. 네가 이렇게 성장했다니. 너에게 모든 것을 맡기고 식당을 비워도 되겠구나."

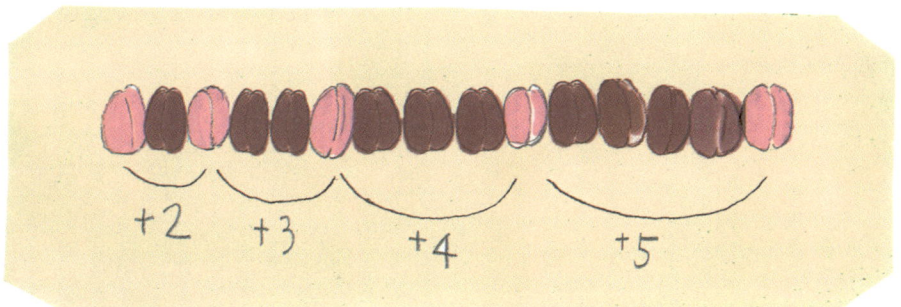

"으하하, 저만 믿으시라니까요."

당케는 마카롱을 하나 베어 물며 달콤한 맛에 배시시 웃었습니다.

셰프는 서둘러 나갈 채비를 했습니다.

"지난번처럼 학수식당 일당에게 문을 열어 주면 절대로 안 돼."

"알겠습니다. 염려 붙들어 매시고 얼른 다녀오세요."

"그래. 너만 믿겠다. 그나저나 당케야, 내 신발 못 봤느냐? 외출할 때만 신는 구두 말이야. 요 며칠 못 본 것 같은데."

"무슨 신발요? 아차!"

당케는 식당 앞에 걸어 놓았던 신발을 가져왔어요.

"여기 있습니다요."

"내 신발이 왜 거기 있느냐?"

"그러니까, 그게……."

당케는 머뭇거렸습니다. 그때 셰프가 코를 감싸 쥐며 얼굴을 찡그렸어요.

"아니, 이게 무슨 냄새냐? 웩! 내 구두에서 왜 이리 고약한 냄새가 나는 거지?"

당케는 셰프의 구두를 등 뒤로 감추더니 선반 위에 올렸어요. 그러고는 얼른 다른 신발을 꺼내 왔어요.

"셰프, 이 운동화 신고 가세요. 요즘은 운동화가 유행이지요. 얼마나 가벼워 보이고 세련돼 보입니까? 하하하. 10년은 더 젊어 보이십니다요."

"지금은 시간이 없으니, 나중에 얘기하자꾸나. 식당 잘 지키고 있어라."

셰프는 당케가 가져온 운동화를 신고 식당을 나섰어요.

그때 누군가가 이 광경을 몰래 지켜보고 있었어요. 셰프가 지나가자 등을 돌리며 스카프로 얼굴을 가렸지요.

셰프가 멀리 사라진 걸 확인한 그는 수학식당 문 앞으로 다가갔어요.

"음, 오늘은 숨을 좀 쉬겠네. 식당 앞에 걸어 놓은 그 냄새나는 신발 때문에 그동안은 들어갈 엄두가 나지 않았는데."

봉쑤아였어요. 봉쑤아가 수학식당의 문을 두드렸어요.

"똑똑똑! 누구 있어요?"

"엇? 저 소리는 어디서 많이 들어 본 목소린데?"

당케는 흠칫 놀랐어요.

"누구세요? '봉' 자로 시작하는 분이시면 절대 못 들어옵니다."

"아니에요. 전 '쑤' 자로 시작해요. 문 좀 열어 주세요. 배가 너무 고파요."

'손님이 배가 고프시대! 셰프께서 배고픈 사람을 그냥 지나치지 말라고 하셨어.'

당케는 자기도 모르게 문을 열어 주고 말았어요. 그런데 이게 웬일입니까? 문을 열고 들어온 사람은 몰라몰라주스를 먹였던 봉쑤아가 아니겠어요?

"다, 다, 당신은 봉쑤아! 봉 자로 시작하는 사람 맞잖아요."

"아니에요. 전 '쑤아 봉'이에요. 교양 있는 사람들은 그렇게 부른답니다. 어쨌거나 그건 중요한 게 아니고, 제가 당케 씨를 위해 특별한 웰빙 음식을 갖고 왔어요."

"뭔데요?"

당케는 뭔가 좋지 않은 기분이 느껴졌지만, 웰빙 음식이라는 말에 금세 귀가 솔깃해졌습니다.

"이거 저희 학수식당 봉팔 셰프가 만든 떡과 죽이에요. 이름하여 헐레벌떡과 뒤죽박죽. 딱 한 번만 드셔 보세요."

"싫어요. 당신네 식당에서 만든 음식은 다시는 먹지 않기로 다짐했어요."

"아이, 섭섭해라. 몸에 좋은 건데. 안 드신다면 할 수 없죠, 뭐. 헐레벌떡과 뒤죽박죽은 36시간 동안이나 오래오래 찌고 끓여서 만든 슬로우 푸드로서, 대충대충 만든 패스트푸드랑은 차원이 다르다고요.

안 드시겠다면 뭐 이만 가져가……."

"잠깐! 정말 몸에 좋은 거 맞죠?"

당케는 헐레벌떡과 뒤죽박죽을 허겁지겁 먹어 치웠어요.
그러자 몸이 배배 꼬이면서 얼굴이 빨갛게
달아올랐어요. 양쪽 귓구멍에서 푸슝푸슝 김까지
났지요. 당케는 비틀비틀 정신을 못차렸어요.
봉쑤아는 그런 당케를 지켜보며 깔깔
웃었어요.
"푸하하하하. 나한테 또 당했어! 우히히.
수학식당의 수제자라더니, 어리바리한
건 여전해. 푸흡."
봉쑤아는 간신히 웃음을 참으며
당케에게 물었어요.
"비수레가 벽장에 있다고 했지? 벽장을 여는 주문이
뭐야? 펴, 피, 뭐라고 하던데, 넌 모르지? 아무것도 모르지?"

봉쑤아는 얼이 빠진 당케에게 바싹 약을 올렸어요.
"모르긴 뭘 몰라. 그것도 모를까 봐. 피타골 피타골 피타고라수 ~ 학!"
당케는 앞뒤 재지 않고 헐레벌떡 주문을 외우고 말았어요. 그러자 당케와 봉쑤아는 한꺼번에 벽장 속으로 쏘옥 빨려 들어갔어요. 당케도 처음 들어와 보는 벽장이었어요. 벽장 속에는 신비스러운 금고가 하나 있었어요.
"비수레가 저 금고에 담겨 있나 보군. 금고를 여는 비밀번호가 뭐야? 넌 모르지? 모를 거야. 알 리가 있나."

1 3 6 10 ⬡ ⬡ ⬡ ⬡

"내가 왜 몰라. 2, 3, 4씩 커지는 규칙대로 놓여 있잖아!"

"그래? 어머, 너 대단하다. 큭큭. 그럼 10보다 5 큰 수 15, 15보다 6 큰 수 21. 그러니까 비밀번호는 1, 5, 2, 1이구나."

삐삐삐삐, 봉쑤아가 번호를 누르자, 금고의 문이 스르르 열렸어요.

금고 안에는 아주 오래된 듯한 얇은 책이 놓여 있었어요.

"와, 이거였어? 비수레, 널 얼마나 찾았는지 아니?"

봉쑤아는 비수레를 품에 꼭 안았어요.

"당케, 고마워!"

봉쑤아는 벽장문을 쾅 닫고 뛰어나갔어요. 그 바람에 선반 위에 놓여 있던 셰프의 구두가 봉쑤아 앞에 떨어졌어요.

코를 톡 쏘는 고약한 냄새가 풍겨 왔어요.

"꺄악! 또 이 냄새야! 에취!"

당케는 그 소리에 정신이 번쩍 들었어요.

"아니 내가 방금 무슨 짓을 한 거지?"

당케는 화들짝 놀라 벽장문을 열고 밖으로 나왔어요.

봉쑤아가 고양이 퇴치제가 뿌려진 셰프의 신발 앞에서 오도 가도 못하고 덜덜 떨고 있었어요. 이때다 싶어 당케는 봉쑤아의 옷자락을 와락 붙잡았어요.

"어딜 가! 비수레 이리 내놔."

"어림없는 소리! 빨리 놓지 못해!"

당케와 봉쑤아는 몸싸움을 했어요. 그러다 그만 비수레 뒷장이 찢어지고 말았어요.

"엉, 찢어졌잖아. 저것도 가져가야 하는데……."

하지만 당케는 봉쑤아를 놓아주지 않았어요.

봉쑤아는 있는 힘껏 당케를 뿌리쳤어요. 그 바람에 당케는 바닥에 머리를 찧고 기절해 버렸지요.

봉쑤아는 비수레의 찢어진 뒷장을 주우려 했지만 고약한 냄새 때문에 견딜 수 없었어요.

"모르겠다. 일단 이거라도 가지고 가야지."

봉쑤아는 부랴부랴 비수레를 들고 수학식당을 나갔어요.

"당케야, 당케야! 정신 차려!"

당케는 셰프의 목소리에 퍼뜩 정신이 들었습니다.

"셰프! 언제 오셨어요?"

"도대체 어떻게 된 거야? 몸은 괜찮은 게냐?"

당케는 쓰러지기 전에 있었던 일이 어렴풋이 떠오르기 시작했어요.

"셰프, 죄송해요. 봉쑤아에게 비수레를 빼앗겼어요."

"괜찮다. 너만 무사하면 됐다."

셰프는 화를 내기는커녕 미소를 지으며 당케의 목덜미를 쓰다듬어 주었어요.

"어떡해요? 셰프, 지금이라도 당장 달려가서 찾아올게요."

"안 된다. 지금은 때가 아니야. 너무 위험해. 비수레는 언젠가 꼭 되찾을 수 있어. 때를 기다려."

당케는 잔뜩 풀이 죽었어요.

"걱정 마라. 비수레는 온전한 제 모습으로 있어야만 열린단다. 난 무엇보다 네가 금고의 비밀번호 규칙을 발견했다는 게 참으로 놀랍고 대견하구나. 지금처럼 열심히 수련하면, 그때가 반드시 올 거야."

"셰프, 비수레는 제가 꼭 되찾을 거예요. 두고 보세요."

당케는 주먹을 꼭 쥐며 다짐을 했어요.

"규칙, 때로는 발견하는 것보다
　　지키는 것이 더 중요합니다."

규칙을 가지려면

규칙을 찾는 게 어려운 줄 알았는데, 당케는 너무 쉽게 규칙을 알아냈어요. 그래서 비수레를 잃어버리긴 했지만요. 규칙을 잘 찾으려면 첫째, 일단 눈을 크게 뜨세요. 자, 여기 마카롱이 있어요. 가로 세로의 개수가 같게 정사각형 모양으로 놓여 있네요. 수가 몇씩 커지는지 보이나요?

알쏭달쏭 도저히 모르겠나요? 그러면 둘째, 차근차근 따져 봐요.
마카롱의 개수를 차례대로 써서 수들 사이에 어떤 규칙이 있는지 생각해요.

이제 규칙이 보이나요?
그럼 6번째 오는 마카롱의 개수도 구할 수 있겠지요?

당케는 땀을 뻘뻘 흘리며 스파게티 면을 삶고 있습니다. 봉쑤아에게 비수레를 빼앗긴 뒤부터 당케는 더욱 열심히 수련에 임했어요.

"다 익었을까?"

당케는 면을 한 가닥 먹어 보았어요.

"앗, 뜨거워. 후후, 다 익은 것 같기도 하고, 아닌 것 같기도 하고.
한 번 더 먹어 봐야지. 후루룩."

당케는 냄비에서 끓고 있는 스파게티 면을 연거푸 건져 올려 먹어
봅니다.

"익었나? 안 익었나? 아리송해."

당케의 후루룩 짭짭 소리에 참다못한 셰프가 핀잔을 줍니다.

"아예 배부를 때까지 먹지 그러냐."

"셰프, 아무리 먹어 봐도 잘 삶아진 건지 어떤 건지 도무지
모르겠어요. 비법 좀 알려 주세요."

"좋다. 오늘은 초급자도 충분히 할 수 있는 쉬운 방법을 소개하지.
자, 이렇게."

셰프는 갑작스레 스파게티 면을 벽에 휙 던졌어요.

"셰프, 고정하소서. 면이 무슨 죄가 있습니까?
비수레를 지키지 못한 제가 벌을 받아야죠."
"이 마당에 웬 비수레 얘기는 꺼내느냐.
자, 보아라. 면이 벽에 찰싹 달라붙었지?
스파게티가 잘 삶아진 거다. 너무 푹 익지도
않고, 씹는 맛이 적당히 살아 있는 상태!
이때를 '알 덴테'라고 하지."
"알 텐데? 난 아직 모를 텐데."
"알 텐데가 아니고, 알 덴테!"
당케는 알 덴테, 알 덴테, 하고 중얼거리며
스파게티 면을 힘껏 던졌어요.
그때 손님이 식당 문을 열고 들어왔습니다.

"어서 오세요."

손님은 부루퉁한 얼굴로 자리에 앉았어요.

"마침 잘 오셨습니다. 수요일 특별 메뉴, 스파게티가 준비되어 있습니다."

"하필이면 왜 스파게티죠?"

"월요일은 월남쌈, 화요일은 하이라이스, 수요일은 스파게~~티! 혹시 마음에 들지 않으시다고요? 그렇다면, 얼마든지 다른 걸로 주문해 주셔도 좋습니다. 움하하."

"아니에요. 마지막으로 한 번만 먹죠. 이번을 마지막으로 스파게티하고 영영 절교할 거예요."

"혹시, 스파게티하고 뭐 원수라도 지셨나요?"

"그게 아니라……."

손님은 오늘 있었던 일을 이야기하기 시작했어요.

"오늘 우리 반 친구 생일잔치가 있었거든요. 약속 장소인 스파게티 집에 갔는데 아무도 없는 거예요. 친구들이 나만 따돌리려고 다른 데로 간 게 분명해요, 흑흑. 스파게티! 널 영원히 미워할 거야."

손님은 울상을 지으며 초대장을 보여 주었어요. 날짜와 장소를 손가락 끝으로 가리키면서요.

당케는 고개를 갸웃거리며 손님께 물었어요.

"가만, 오늘이 며칠이죠? 날짜가 가물가물하네요. 수요일은 맞는데, 21일인지 아닌지 모르겠어요."

"21일이 맞고말고요. 여기 보세요. 지난주 수요일이 11일이니까, 바로 그다음 주 수요일이면 21일 맞잖아요.

손님은 지갑에서 찢어진 달력 하나를 꺼냈어요.

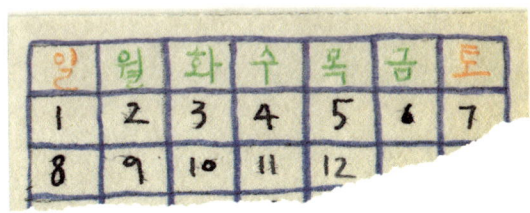

'뭔가 이상한데.'

당케는 알쏭달쏭한 표정을 지었어요.

그때 셰프가 다가왔어요.

"잠깐 실례하겠습니다. 이건 무슨 달력인가요?"

"제가 언제든지 볼 수 있게 지갑에 넣고 다니는 휴대용 달력이에요."

"그런데 왜 이렇게 찢어져 있나요?"

"껌 뱉을 종이가 없어서 실례를 좀 했지요. 살짝 조금만 찢으려고 했는데, 이렇게 찢어져 버렸지 뭐예요. 그래도 보는 데 아무 지장 없다고요, 뭐. 꼬르륵. 앗, 배에서 자꾸 신호가……."

세프는 뭔가를 알겠다는 듯한 웃음을 지으며 말했어요.

"호, 이런! 죄송합니다. 빨리 음식을 준비해 드리겠습니다."

세프는 알 덴테로 잘 삶아진 면 위에 김이 모락모락 나는 토마토소스를 부었어요.

"자, 거의 다 됐습니다. 마지막 단계는 손님이 도와주시면 어떨까요?"

"기꺼이 도와 드리죠."

"저기 찬장에 향신료들이 놓여 있습니다. 그중 21번 향신료가 필요합니다."

"네? 21번이요?"

"남아 있는 번호를 보고, 규칙을 찾아보세요."

"21번이면 11번 바로 아래. 이것인가요?"

당케가 고개를 저으며 손님께 말했습니다.

"그건 계핏가루예요!"

"다시 한 번 부탁드립니다. 21번 향신료를 가져다 주시겠습니까?"

"그럼 이것?"

손님이 을 가리키며 말했어요.

"손님, 매운 걸 좋아하시나 봐요. 이번에는 고춧가루네요."

손님은 시무룩해졌습니다.

"21번이 어느 칸이죠? 도무지 모르겠어요."

"당황하지 마십시오. 당케가 손님을 도와 드릴 겁니다."

"제가요? 아, 알겠어요."

"그럼 문제를 살짝 바꾸어서 셋째 줄, 일곱째 칸은 몇 번일까? 당케가 해 보렴."

"그야 1부터 쭉 순서대로 외워 가면서, 빈 칸에 빠진 번호를 다 써넣으면 되잖아요. 손님, 저만 믿으세요."

당케는 연필을 들고 사다리에 올랐어요.

"애고애고, 올라가기 힘들다!"

"쓰지 않고 눈으로 답을 찾을 수 있단다. 줄과 줄, 칸과 칸 사이, 수가 어떻게 커지고 있는지 규칙을 살펴보아라."

한참을 쳐다보고 있던 당케가 무릎을 탁 쳤어요.

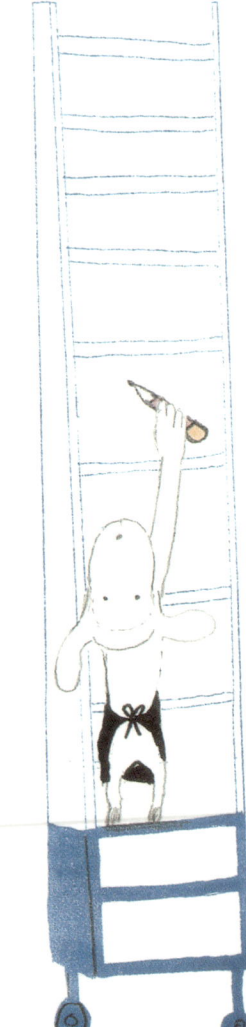

"아하, 알았다. 칸과 칸 사이는 1씩 커지고 있어요."

"줄과 줄 사이는 7씩 커지고 있고요."

"대단하십니다. 드디어 숨은 규칙을 찾으셨군요.
그럼 셋째 줄, 일곱째 칸은 몇?"

"12에 1을 더한 수 13에 1을 또 더하고, 거기에 7을 더한 수.
바로바로 21이에요!"

"찾았다!"

손님과 당케가 동시에 외쳤습니다.

손님은 21번 칸에서 향신료를 꺼내 왔습니다.

"스파게티에 매콤 상큼한 맛을 한층 더해 주는 허브 '오레가노'를 골라 오셨군요. 손님 스스로 규칙을 찾아내셨어요."

그때 당케가 말했어요.

"셰프! 저기에 요일만 써 붙이면, 곧바로 달력이 되겠어요."

"그렇습니다. 향신료가 들어 있는 이 찬장은 줄이 바뀔 때마다 7씩 커지는 규칙이 있습니다. 달력도 이것과 마찬가지예요. 달력에서 일주일은 7일이죠. 그래서 일주일이 지날 때마다 날짜가 7씩 커지는 규칙이 있습니다."

손님이 머리를 긁적긁적하며 말했어요.

"그러고 보니, 제가 오늘 날짜를 잘못 알았어요. 오늘은 수요일이니까 18일이네요."

"손님, 생일잔치 날은 토요일이네요."

"알려 주서서 고마워요. 괜히 친구를 오해했어요."

셰프가 웃으며 말했어요.

"하하. 친구와 우정이 오래오래 가도록 오레가노를 듬뿍 뿌려 드리겠습니다."

"수학은 친구 사이의 '오해'를 '이해'로 바꾸어 줍니다."

달력은 1년을 달, 날, 요일에 맞춰 적어 놓은 거예요. 우리는 달력을 보고 오늘이 며칠인지, 무슨 요일인지 알 수 있지요.
 달력 속에는 많은 규칙이 숨어 있어요.
 오른쪽으로 갈수록 1씩 커지고, 아래로 갈수록 7씩 커져요.
 이런 규칙 덕분에 1주일 뒤, 2주일 뒤의 날짜를 달력을 보지 않아도 알 수 있는 거예요. 그렇다고 25일의 1주일 뒤를 25+7=32일이라고 하면 곤란해요.
 달력 속 날짜는 길어 봐야 31일까지만 있거든요. 이 점도 달력의 중요한 규칙 가운데 하나예요.

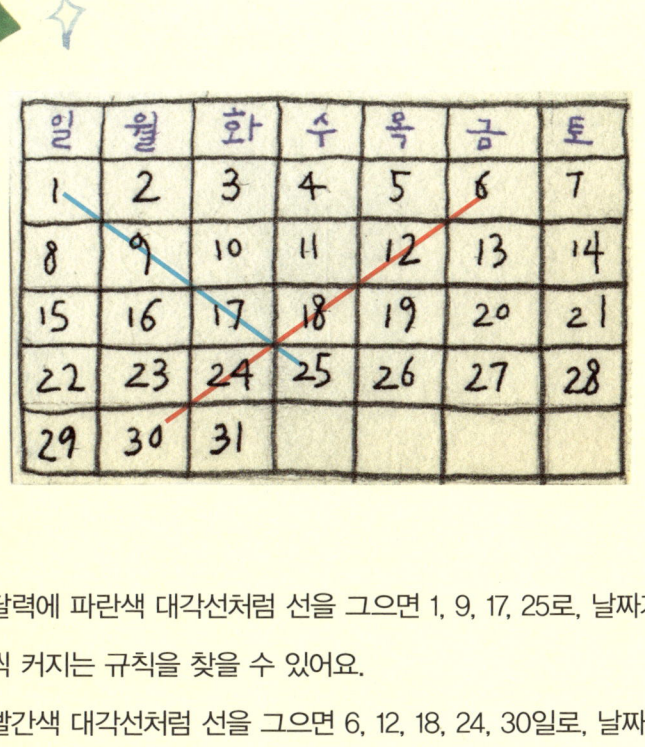

    달력에 파란색 대각선처럼 선을 그으면 1, 9, 17, 25로, 날짜가 8씩 커지는 규칙을 찾을 수 있어요.

    빨간색 대각선처럼 선을 그으면 6, 12, 18, 24, 30일로, 날짜가 6씩 커져요. 만약 8일에 한 번씩 꽃에 물을 줘야 한다거나, 6일에 한 번씩 애완동물 발톱을 깎아 줘야 하는 등 규칙적으로 해야 할 일이 있다면, 대각선을 그어 보세요.

    잊어버리는 일 없이 편리하겠지요?

당케가 장을 보러 갔다 오는 길이에요. 웅성웅성 소리가 들려 다가가 보니, 수학식당 뒷골목에 사람들이 모여 있었어요.
"무슨 좋은 일이 있나요?"
"아이스크림을 준대요."
"무지무지하게 긴 8단 아이스크림이래요."

당케는 아이스크림이라는 소리에 귀가 번쩍 뜨였습니다.

"나도요, 나도 먹을래요."

당케는 사람들을 헤치고 얼굴을 빼꼼히 들이밀었습니다.

"어머머, 이게 누구신가? 당케 씨, 반가워요. 어서 오세요."

봉쑤아였어요. 당케를 알아보고는 쪼르르 다가왔어요.

'또 무슨 일을 꾸미려는 걸까? 정신 차려, 당케!'

당케는 주먹을 꽉 쥐며 불안한 마음을 감추었어요.

"당신, 여기서 뭐하는 거죠?"

"오호호, 긴장 푸세요. 요즘 손님들이 무얼 좋아하는지 조사할 겸, 학수식당 홍보도 할 겸, 겸사겸사해서 왔지요. 여기서 당케 씨를 만나니 참 반갑네요."

당케는 속이 부글부글 끓어올랐어요.

'비수레를 훔쳐 가 놓고서 시치미를 뚝 떼고 있어. 상대를 하지 말아야지.'

"나야 뭐, 그냥 지나가는 길입니다. 그럼, 수고……."

"잠깐! 봉팔 셰프의 상징인 8개의 봉오리를 예술적으로 표현한 학수식당의 야심작, 팔랑팔랑아이스크림이 새로 나왔어요. 재미로 먹고 맛으로 먹는 팔랑팔랑아이스크림! 한번 맛보실래요?"

당케는 유혹에 넘어가지 않으려고 고개를 마구마구 저었어요.

'이러면 안 되지, 안 돼.'

하지만 8단으로 쌓아 올린 아이스크림을 본 순간, 결심이 사르르 무너지고 말았어요.

"뭘 어떻게 하면 되죠?"

"수학식당 메뉴 중에서 가장 마음에 드는 것 하나를 골라 주세요. 스티커만 가볍게 붙여 주시면 끝!"

당케는 봉쑤아가 왜 여기에서 수학식당 메뉴를 조사하고 있는지 궁금했어요. 하지만 그것은 잠깐 스치는 생각일 뿐이었죠.

보기만 해도 사르르 녹아 버릴 것 같은 팔랑팔랑아이스크림을 빨리 먹어 보고 싶었으니까요. 당케는 스티커 하나를 들고 어디에 붙일까 살펴보았어요.

"어? 사각사각샌드위치와 별나별나초콜릿이 인기가 좋네.

둘 중에서 어느 쪽에 스티커가 더 많이 붙었지? 수를 세어 봐야 정확히 알 수 있겠어."

당케는 주머니 속에서 수첩을 꺼내 재빨리 수를 세어 적었어요.

메뉴	사각사각 샌드위치	막대어묵어묵 조랭이떡볶이	별나별나 초콜릿	촉촉사르 로카탱당	쌍둥이 스테이크
사람 수 (명)	10	5	12	3	4

그때 봉쑤아가 바짝 다가왔어요.

"뭐 하시는 거예요?"

"아, 아, 아무것도 아니에요."

당케는 화들짝 놀라 자기도 모르게 수첩을 감추었어요. 그러고는 재빨리 스티커를 붙였어요.

"스티커 붙였으니 아이스크림이나 빨리 주세요."

"자, 여기 있어요. 조심조심."

당케는 아이스크림을 받아 들었어요.

"오호호호, 수학식당의 후계자를 이런 누추한 뒷골목에서 만날 줄이야! 오늘 반가웠어요. 다음에 또 봐요."

'흥, 됐네요. 이제 정말 그만 보고 싶네요.'

당케는 뒷골목을 돌아 나오며 아이스크림을 먹으려고 입을 크게 벌렸어요. 그 순간, 그만 돌부리에 걸려 꽈당, 넘어지고 말았지요.

"아이고, 내 아까운 아이스크림!"

그때 당케의 정신이 번쩍 돌아왔어요.

"내가 또 무슨 짓을 한 거야! 봉쑤아에게 또 당할 뻔했어. 그나마 아이스크림을 안 먹어서, 아니 못 먹어서 천만다행이야."

당케는 머리를 콩콩 치며 후회를 했어요.

봉쑤아는 큭큭 웃음을 참으며 뒤에서 이를 지켜보았어요.

봉쑤아는 짐을 챙겨 학수식당으로 돌아갔어요.

"셰프, 셰프! 어디 계세요? 학수식당의 귀염둥이 봉쑤아, 잘 다녀왔다고요."

봉팔 셰프는 헛기침을 하며 골방에서 기어 나왔어요.

"음, 그래. 어서 오너라."

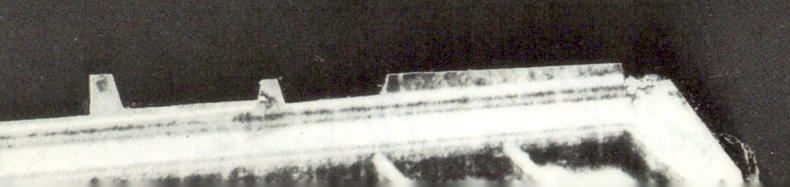

"셰프, 거기서 뭐 하시는 건지?"

봉팔 셰프의 손끝에서 연기가 나는 듯했어요.

"알 것 없다. 그래, 조사는 무사히 마쳤느냐?"

"네네. 그럼요, 그럼요. 조사 결과 수학식당의 최고 인기 메뉴는 별나별나초콜릿으로 밝혀졌습니다."

"수고했다. 이제 작전대로 실행하면 되겠구나!"

봉쑤야는 비수레를 손에 넣기만 하면 수학식당이 바로 무너질 줄 알았는데, 모든 것이 예전 그대로인 게 이상했어요. 게다가 봉팔 셰프는 왜 자꾸 수학식당의 뒷조사를 시키는 건지 도통 이해가 되지 않았어요.

봉쑤야는 비수레를 빼앗아 오던 날 기억이 아직도 생생했어요.

봉쑤아는 비수레를 품에 안고 학수식당으로 달려왔어요.

"셰프, 셰프! 그토록 원하시던 비수레, 비수레 대령입니다요!"

봉팔은 학수식당이 떠나갈 듯 크게 웃으며 기뻐했어요.

"움하하하, 비수레를 손에 쥐게 되다니. 장하다 봉쑤아."

"잘했죠? 대단하죠? 비밀번호 여는 규칙도 내가 찾았다고요. 이제 절 후계자로 인정해 주시는 건가요?"

"그럼, 그럼, 인정하고말고!"

비수레를 잃고 허둥대고 있을 수학식당 셰프와 당케를 생각하니 봉팔은 웃음이 절로 났어요.

"흐흐, 수학식당이 망하는 건 이제 시간문제야. 이제 내가 수학의 지배자가 되는 거야. 그럼 어디 한번 볼까?"

봉팔이 비수레를 펼쳐 보려고 손을 갖다 댔어요.

"앗, 뜨거워!"

봉팔은 흠칫 놀라 뒤로 벌러덩 자빠지고 말았어요. 이게 웬일까요? 봉팔의 손끝에서 연기가 나는 듯했어요.

"손가락이 타들어 갈 듯한 이 뜨거운 기운은 뭐지?"

봉팔은 비수레를 살펴보았어요.

"아니, 뒷장이 찢어지지 않았느냐?"

"그게 그러니까, 막 나오려는데 당케가 잡아당기는 바람에 그만……."

"에구, 그것도 가져왔어야지!"

봉팔이 눈을 부릅뜨며 험한 얼굴을 하고는 다시 한 번 비수레에 손을 대 보았어요. 하지만 마찬가지였어요.

"어떻게 하면 비수레를 열 수 있지? 궁금해. 너무 궁금해. 으아!"

봉팔은 비수레를 어서 빨리 열어 보고 싶어 조바심이 났어요.

"비수레, 열려라, 어서 열려!"

봉팔은 갖은 수를 써 보았어요. 비수레를 살살 문지르기도 하고, 호호 불어 보기도 했어요. 높은 곳에서 바닥에 떨어뜨려 보기도 했어요. 하지만 비수레를 열 수 없었어요.

"비수레, 이제 그만 감추고 속을 드러내시지. 넌 어차피 내 거야. 이 세상은 이제 내 거라고."

봉수아가 옆에서 거들었어요.

"비수레가 없으면 수학식당은 망하게 돼 있습니다요. 손님들이 우리 식당으로 몰려오면 셰프의 세상이 되는 거지요. 헤헤헤."

"일단 비수레를 금고 속에 넣어 두어야겠어."

봉팔은 비수레를 금고 속에 넣고 꽁꽁 잠갔어요.

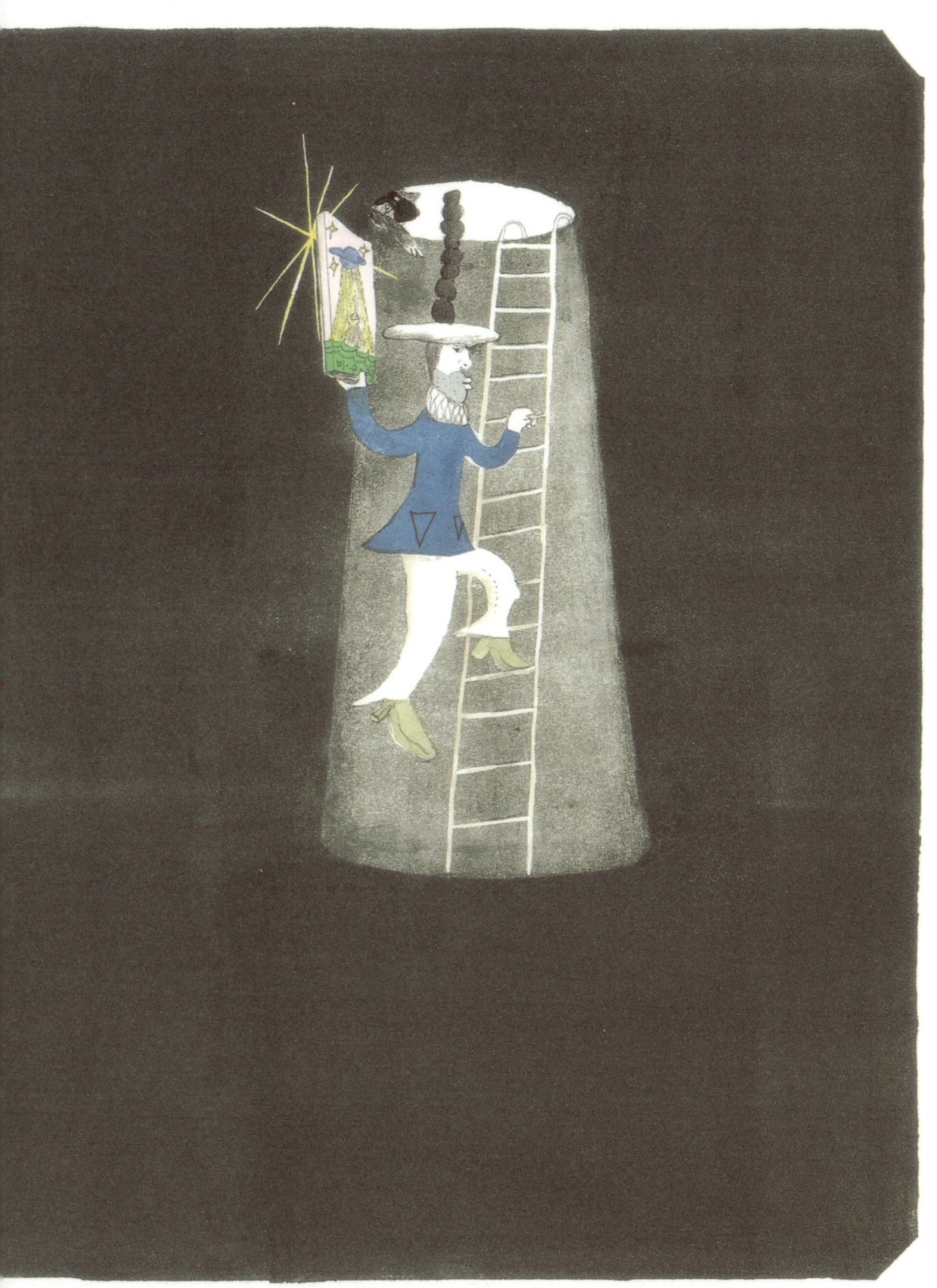

봉쑤아는 봉팔 셰프와 함께 세상을 주무를 날을 생각하니 왠지 기분이 좋아졌어요. 봉쑤아는 봉팔 셰프에게 오늘 있었던 일을 마저 들려주었어요.

"당케 녀석을 만났지 뭐예요. 아직도 수학식당에서 쫓겨나지 않은 게 신기하다니까요. 아이스크림 소리에 침이나 질질 흘리고. 넘어지지만 않았다면 팔랑팔랑아이스크림을 먹을 뻔했는데……. 아깝습니다."

"그래도 조심해야 해. 잠깐 귀 좀 빌리자."

봉팔은 봉쑤아의 귀에 대고 소곤소곤했어요.

"녀석에겐 뭔가가 있어. 어리바리하지만 사람을 끄는 매력의 소유자. 냉철함은 없지만, 따뜻함 속에 지혜가 있어. 그 점 역시 셰프 피를 빼닮았다고. 알겠느냐? 봉쑤아!"

"네, 잘 알겠습니다!"

"자, 이제부터 작전 시작이다! 별나별나초콜릿의 성분부터 분석하도록!"

한편, 풀이 죽은 당케는 터벅터벅 수학식당으로 돌아갔어요.

"다녀왔습니다!"

"당케, 어째 표정이 그러냐?"

당케는 어쩐지 입이 떨어지지 않아, 무조건 용서부터 빌었어요.

"죄송해요. 용서해 주세요."

"뭐가 죄송하단 말이냐? 아아, 늦어서 죄송하다고? 괜찮다. 이만하면 빨리 왔다."

"셰프, 그게 아니라요……."

"그나저나 당케야, 학수식당에서 또 위험한 짓을 꾸미고 있다는구나. 우리 수학식당에서 가장 인기 있는 메뉴를 조사해서 베끼려고 한다는 소문이야."

당케는 가슴이 철렁 내려앉았어요.

"그 메뉴가 뭔지 빨리 알아내야 해. 우리 수학식당에 크나큰 위기가 찾아올지도 모른다고."

"셰프, 사실은 제가 조금 전에 골목에서 봉쑤아를……, 아이스크림이 어쩌고저쩌고……."

당케의 말에 셰프는 놀란 눈이 되었어요.

"아니, 그런 일이 있었다니. 그런데 수학식당에서 가장 인기 있는 메뉴가 뭐더냐?"

"제가 누굽니까? 이럴 줄 알고 적어 왔지요."

셰프는 당케가 만들어 온 표를 보고 깜짝 놀랐어요.

"당케! 제법인걸. 이 표를 보니, 학수식당에서 뭘 베낄지 알겠구나. 12명의 지지를 받은 별나별나초콜릿이 1위!"

당케가 의기양양하게 말했어요.

"어쩐지 세고 싶더라고요. 헤헤. 셰프, 이런 식으로 노력하다 보면 비수레를 제 손으로 찾는 날이 금세 오겠지요?"

"물론이다. 좋은 자세야. 칭찬하는 의미에서 한 가지 더 알려 주지. 인기 있는 메뉴를 한눈에 바로바로 알아볼 수 있게 나타내는 방법이 있지. 바로 그래프라는 것이다."

사람 수 (명) \ 메뉴	사각사각 샌드위치	막대어묵어묵 조랭이떡볶이	별나별나 초콜릿	촉촉사르르 카스텔라	쌍둥이 스테이크
12			●		
11			●		
10	●		●		
9	●		●		
8	●		●		
7	●		●		
6	●		●		
5	●	●	●		
4	●	●	●		●
3	●	●	●	●	●
2	●	●	●	●	●
1	●	●	●	●	●

"와, 한눈에 봐도 가장 인기가 많은 건 별나별나초콜릿이네요!"

"서두르자. 학수식당에서 일을 벌이기 전에 대책을 세워야지."

"탕탕탕!"

다음 날, 수학식당에 손님들이 몰려왔어요.

"이게 뭡니까?"

"수학식당 그렇게 안 봤는데, 양심 불량이에요."

셰프와 당케는 어안이 벙벙했어요. 도대체 무슨 일인지 영문을 몰랐거든요.

"양심 불량이라니요. 언제나 늘 한결같은 마음으로 정성을 다해 손님들을 모셔 왔는데, 무슨 섭섭한 말씀이세요."

"이걸 보고도 그런 말이 나와요? 이것 때문에 수학 문제를 틀렸다고요."

"맞아요. 9 더하기 5를 하면 왜 12가 되냐고요!"

"이런 엉터리 초콜릿, 당신들이나 실컷 드세요."

손님들은 셰프 앞에 초콜릿 상자를 내던지고 나가 버렸어요.

"아이고, 우리 셰프가 무슨 죄가 있다고들……."

셰프는 크게 당황한 나머지 어찌할 바를 몰랐어요.

셰프는 손님이 던지고 간 초콜릿 상자를 집어 들었어요.

"수학식당의 초콜릿이라니! 기가 막히군."

뚜껑을 열어 보니 10칸이 아니라 12칸으로 되어 있고, 그 안에 초콜릿 9개가 들어 있었어요. 또 다른 상자를 열어 보니 초콜릿이 5개 들어 있었어요.

"별나별나초콜릿을 본떠 만든 가짜야. 초콜릿은 조금도 섞여 있지 않아. 한 상자를 12칸으로 만들어 덧셈할 때 큰 혼란을 주었어. 게다가 이것들은 모두 다 엉망으로 깨져 있어. 제대로 된 초콜릿이 아니라고."

"셰프, 이제 우린 어떡해요?"

"봉팔, 감히 수학식당 이름에 먹칠을 하다니!"

수학식당은 과연 누명을 벗고, 명예를 회복할 수 있을까요?

다음 이야기는 3권에 계속됩니다~.

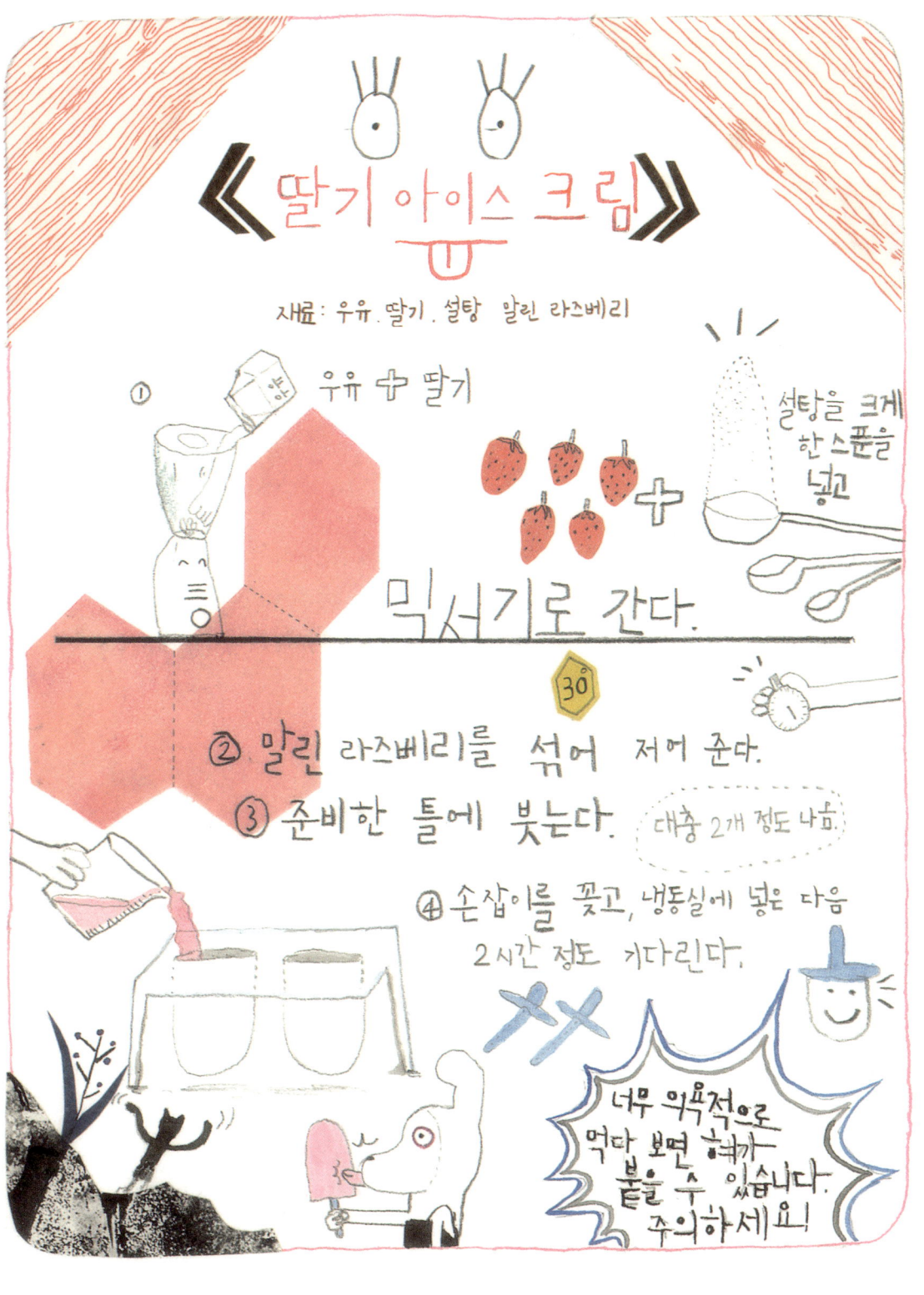

글 김희남

어렸을 때 수학을 못한다고 생각했는데, 이렇게 수학 동화를 쓰는 어른이 되었다니 말도 안 돼요.
혹시 여러분 중에서도 '난 수학을 좋아하는데, 수학이 나를 싫어해.'라고 생각하는 친구가 있나요? 기죽지 말고 용기를 가지세요. 저처럼요!
이 책을 읽고 부디 엄마가 해 주는 음식처럼 따뜻하고 감동적인 수학을 맛볼 수 있기를, 하는 바람이에요.
쓴 책으로 『할까 말까?』가 있습니다.

그림 김진화

숫자에 약한 사람입니다. 더하기 빼기도 틀리기 일쑤고, 구구단도 깜빡깜빡하는 사람이지만 당케랑 셰프를 만나 예전보다 수학을 더 사랑하게 된 것 같아 행복합니다. 이제는 수학 요리도 아주 잘한답니다.
지금은 우당탕쿵딱쿵딱 작업실에서 나팔꽃을 기다리고 있어요.
그린 책으로 『고만녜』, 『백만 년 동안 절대 말 안해』, 『친구가 필요해』, 『뻔뻔한 실수』 등이 있습니다.

수학식당 2

글 ⓒ 김희남, 2013
그림 ⓒ 김진화, 2013

초판 1쇄   2013년 7월 1일
초판 11쇄   2023년 9월 1일

글   김희남
그림   김진화

펴낸이   황호동
편 집   김동선
디자인   민트플라츠 송지연
펴낸곳   (주)생각과느낌
주 소   서울시 종로구 평창 14길 22-1
전 화   02-335-7345~6
팩 스   02-335-7348
전자우편   tfbooks@naver.com
등 록   1998.11.06 제22-1447호

ISBN   978-89-92263-24-5(74410)
           978-89-92263-18-4(세트)

명왕성은 자유다 는 (주)생각과느낌의 어린이책 브랜드입니다.

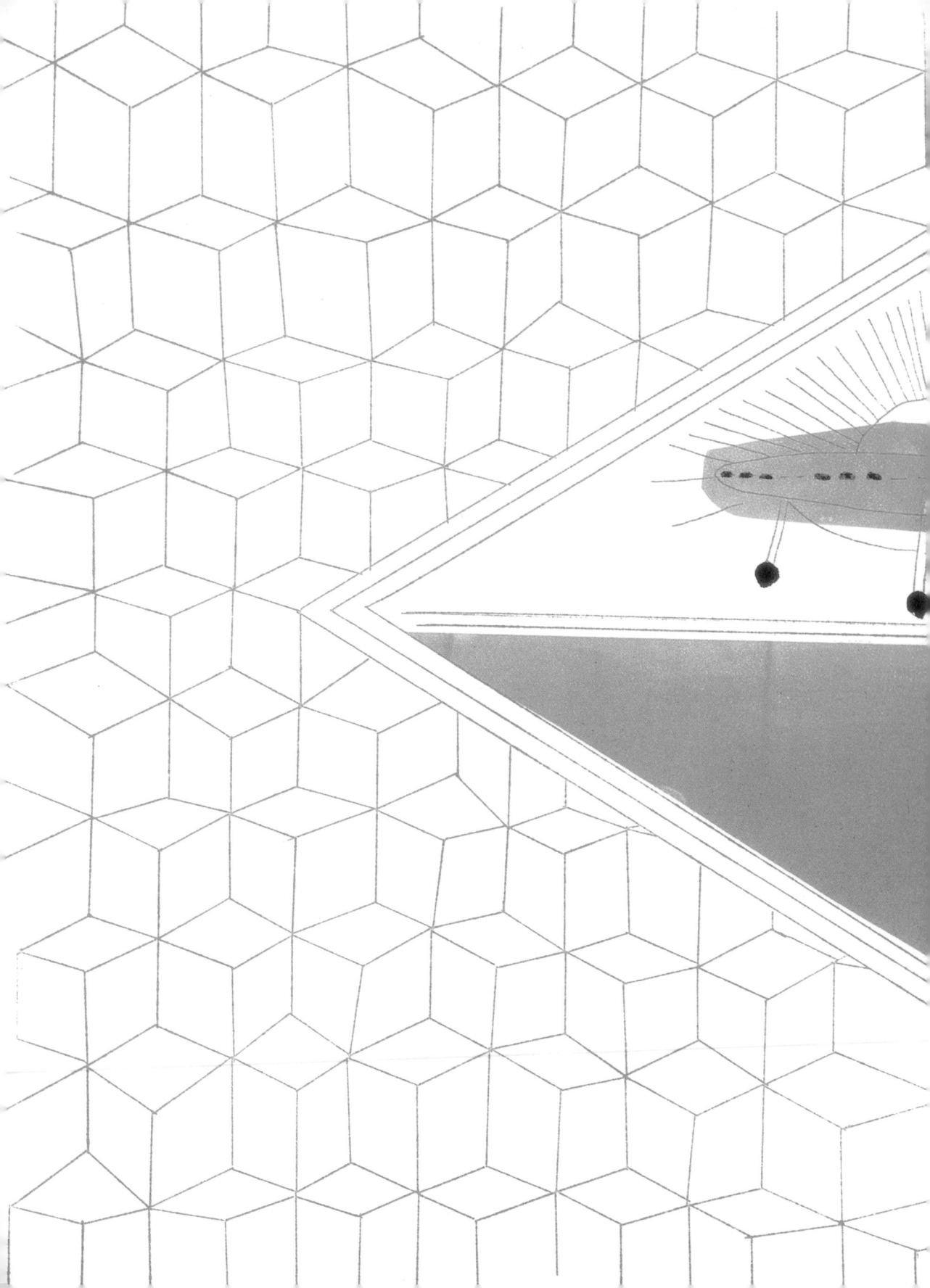